L'HISTOIRE DU MONDE en SMS

PAR LES CRÉATEURS DE

TOPITO

LAURENT MOREAU

L'HISTOIRE DU MONDE en SMS

playBac

LES CITATIONS QUI NOUS ONT INSPIRÉS ET QUI FONT BIEN AU DÉBUT D'UN LIVRE

« Savoir, c'est se souvenir. »

ARISTOTE

« Qu'est-ce qu'il y connaît aux femmes Rick Hunter ? Réponse : Rien. »

ALAIN CHABAT IN "LA CITÉ DE LA PEUR"

« Tiens ce midi à la cantine, y'a de la brandade. »

GILLES, COLLÈGUE ET EXPERT-COMPTABLE

LES AUTEURS DE CE LIVRE

Ce livre a été rédigé par les membres de l'équipe de l'illustre site Topito.com qui, en temps normal, passent leur temps à écrire des listes et des classements idiots.

Aucun d'entre eux n'est vraiment historien mais, honnêtement, ils auraient pu. Il leur arrive fréquemment de se réunir avec un cardigan, une pipe et un bon whisky pour débattre autour des grandes dates de ce monde. Enfin pas hyper fréquemment, mais c'est déjà arrivé. Une fois. Ce livre est le reflet de leur savoir sans fin.

Vous lirez donc dans les pages qui suivent les SMS historiques de Laurent, aidé de Benoît, David, Ronan, un autre Benoît, Urbain, Clément, Emma, Oriane, Camille, Romain et Baptiste. Ça fait plein de gens comme ça au premier abord, mais en vrai y'en a un qui n'a rien foutu.

Ils vous remercient d'avoir acheté ce livre ou de l'avoir accepté en souriant si on vous l'a offert. Ils seront encore plus contents si vous le lisez vraiment.

AVANT DE LIRE LA SUITE...

Vous vous en rendez compte à chaque fois que vous acceptez de jouer (la mort dans l'âme) au Trivial Pursuit : depuis le bac, les grandes dates de l'Histoire vous échappent un peu. L'*Homo sapiens* qui dessine sur les murs de sa caverne, ça vous dit bien quelque chose, mais c'était quand exactement ? Christophe Colomb, il a dit quoi en croyant débarquer aux Indes ? Et Jeanne d'Arc la pucelle, à quelle date a-t-elle fait son dernier barbecue ? Bref, tout ça, c'est pas bien clair.

C'est donc pour vous que ce livre existe, pour vous redonner des petites notions d'Histoire pour briller en société. Et comme il paraît que pour beaucoup de gens "lire, ça fait trop mal aux yeux", on a décidé de vous proposer ça sous un format plus accessible pour la première fois au monde : vous allez donc découvrir l'Histoire racontée en SMS (ou en texto c'est comme vous voulez). Vous verrez, c'est plus rapide et on s'en souvient mieux.

Bien sûr, des historiens frustrés diront sûrement que ce livre c'est n'importe quoi, que nous sommes des jean-foutre et que nous cassons le marché, mais on vous conseille de ne pas les écouter. Parce qu'en réalité ils auraient adoré l'écrire et ils y apprendront aussi des trucs, notamment page 53.

L'Histoire du Monde vous attend donc dans les pages qui suivent. Comme on sait que certains d'entre vous ne sont pas encore convaincus et se demandent pourquoi ils ont acheté ce livre ou ce qu'ils ont fait de mal pour qu'on leur ait offert, on vous a concocté un petit Top 10, notre spécialité sur Topito pour vous convaincre de le lire. De rien, ça fait plaisir. On se retrouve à la fin du livre, où on vous expliquera 2-3 secrets que même Stéphane Bern ne connaît pas.

TOP 10 DES BONNES RAISONS DE LIRE CE LIVRE

1. Parce que vous vous êtes déjà trompé de deux siècles sur la date de la Révolution française.

2. Parce qu'il est pensé pour être lu en 1 h 17. Et que vous n'avez rien d'autre de mieux à faire à part regarder une série de plus.

3. Parce que, si vous cherchez bien, il y a un peu de sexe dedans qui devrait vous émoustiller.

4. Parce qu'il y a un message caché si vous prenez les premières lettres des pages 40, 117, 22, 12, 18, 48 et 157.

5. Parce que vous l'avez acheté, c'est trop tard, fallait y penser avant.

6. Parce que votre étagère des "trucs que vous lirez plus tard mais en fait non" est déjà pleine.

7. Parce qu'après vous devriez ressentir un sentiment de bien-être dû aux huiles essentielles que nous avons mises dans chaque page.

8. Parce qu'il est trop gros (et trop beau) pour simplement caler un meuble.

9. Parce qu'il a été concocté avec amour par une bande de chic filles et de chic types chez Topito.

10. Parce que tous les fonds seront reversés à l'association caritative FDTD (Faiseurs de Tops en Détresse).

Bonne lecture.

ET AU DÉBUT IL N'Y AVAIT RIEN (QUE DALLE)

FRANCHEMENT, ÇA DEVAIT ÊTRE UN PEU PÉNIBLE

LA DISPARITION DES DINOSAURES

-65 MILLIONS D'ANNÉES

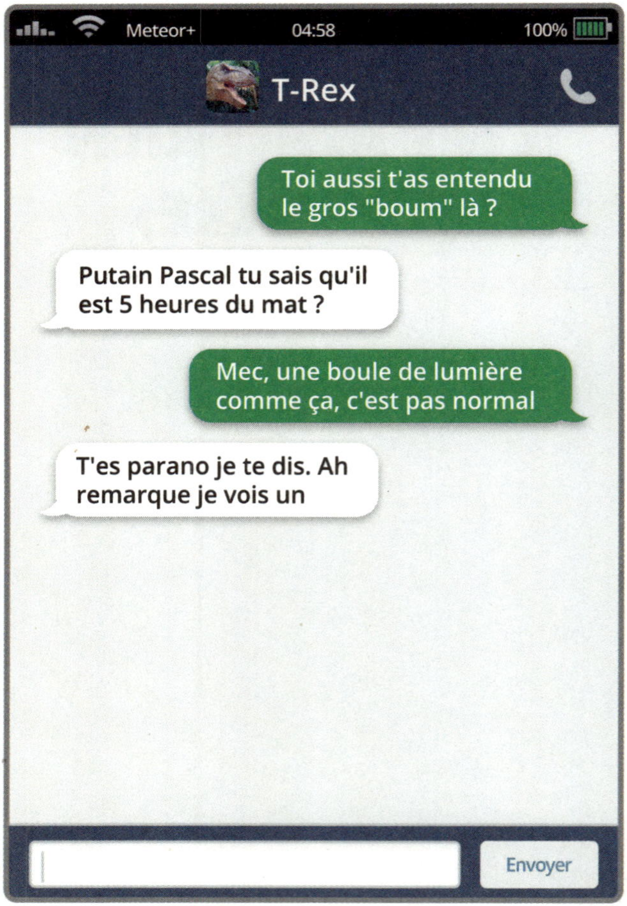
Meteor+
04:58
100%
T-Rex
Toi aussi t'as entendu le gros "boum" là ?
Putain Pascal tu sais qu'il est 5 heures du mat ?
Mec, une boule de lumière comme ça, c'est pas normal
T'es parano je te dis. Ah remarque je vois un
Envoyer

SELFISTORIQUE

LES DINOS, JUSTE AVANT

Meteor+
7:52
99%
Histogram
Tea-Rex à Paillettes
100 Favoris
Tea-Rex à Paillettes coucher de soleil de ouf
#NoFilter #Sunset #SelfieStick

ADAM ET ÈVE SE CHAUFFENT UN PEU

6E JOUR DE LA CRÉATION

Virgin
15:12
99%
Ève
Ciné ce soir ?
J'ai pas tellement envie de voir un film...
J'ai pas tellement envie d'attendre ce soir
Ok si tu me cherches je suis sous le pommier
Envoyer

LE PREMIER MATCH DE TINDER

Virgin
22:14
99%
It's a Match!
Vous et Ève avez indiqué que vous vous plaisez.
Envoyer un message
Continuer à chercher

L'AUSTRALOPITHÈQUE FAIT SON APPARITION SUR TERRE

ENTRE -4,2 ET -4 MILLIONS D'ANNÉES

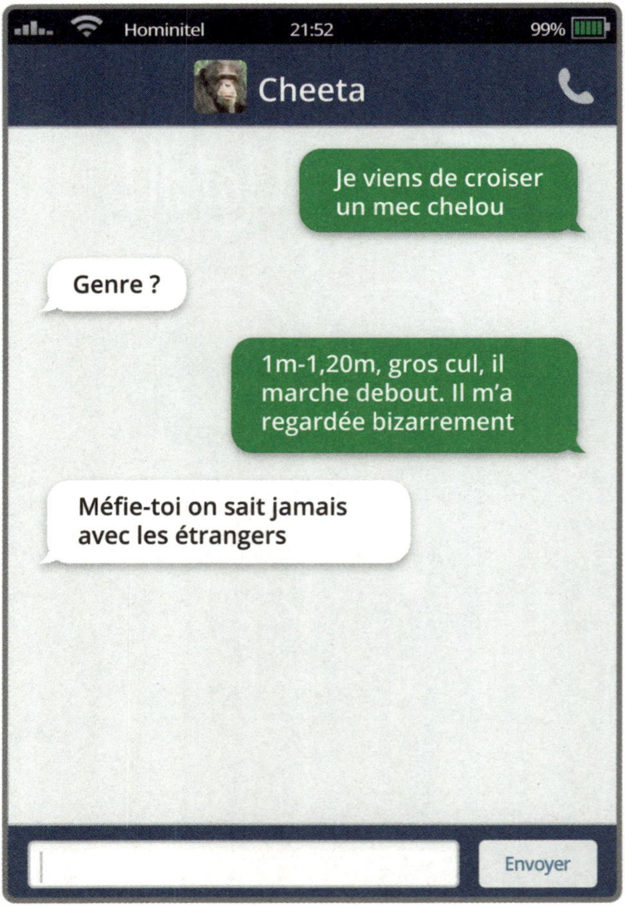
Hominitel
21:52
99%
Cheeta
Je viens de croiser un mec chelou
Genre ?
1m-1,20m, gros cul, il marche debout. Il m'a regardée bizarrement
Méfie-toi on sait jamais avec les étrangers
Envoyer

LUCY, UN DES PREMIERS AUSTRALOPITHECUS AFARENSIS CONNU, SE FAIT DRAGUER

-3,2 MILLIONS D'ANNÉES

Australom
18:45
98%
Lucy
Hey Lucy, on se voit ce soir ?
Non je te l'ai déjà dit : je couche pas le premier siècle
Et ben reste. Tu finiras toute seule Lucy
Envoyer

DÉCOUVERTE DU FEU (ET DU BARBECUE)

-790 000 ANS

Homtel
22:59
97%
Homo Erectus
T'as froid dans ta grotte ?
Horrible
Passe à la maison,
j'ai trouvé un truc génial.
C'est chaud, c'est énorme !
Ça fait même de la lumière
Tu me charries...
c'est quoi ton truc ?
Je sais pas encore, je cherche
un nom. Mais passe, j'ai fait des
brochettes de mammouth
Envoyer

L'INVENTION DE L'HUMOUR FAIT D'ABORD UN FLOP

DATE ESTIMÉE À -35 000 ANS

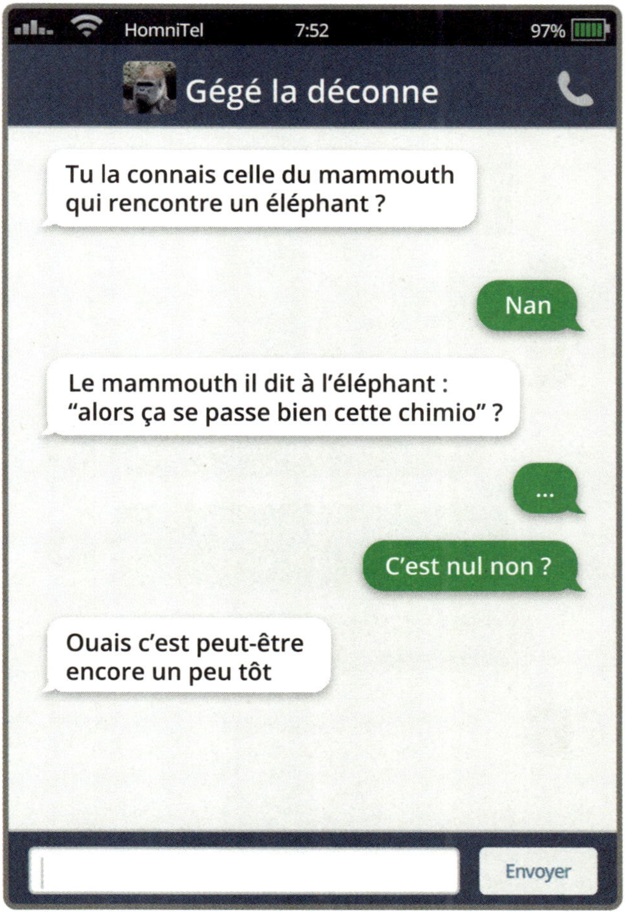

HomniTel
7:52
97%
Gégé la déconne
Tu la connais celle du mammouth qui rencontre un éléphant ?
Nan
Le mammouth il dit à l'éléphant : "alors ça se passe bien cette chimio" ?
...
C'est nul non ?
Ouais c'est peut-être encore un peu tôt
Envoyer

INVENTION DE LA MASTURBATION

DATE MAL DÉFINIE

Rouge
7:52
96%
Bob et Gérard
Les mecs je pense que j'ai un truc là !!!! Ça va être énorme
??
Raconte
Ben.... nan je peux pas trop
Mais c'est dingue je vous jure, je peux plus m'arrêter
Même quand je vous parle tiens
Et c'est pas dangereux ?

Nan je crois pas !
Mais ça rend accro. Du coup j'ai même oublié d'aller à la chasse !
Ok j'arrive, je veux voir ça
Envoyer

AU NÉOLITHIQUE, L'HOMME DEVIENT SÉDENTAIRE, CULTIVE ET ÉLÈVE DU BÉTAIL

- 9000 ANS

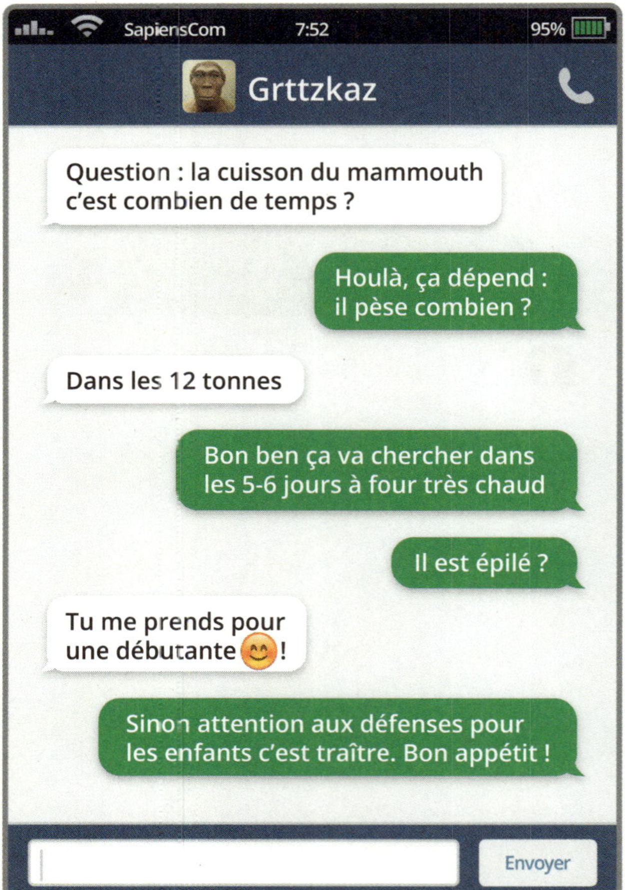
SapiensCom
7:52
95%
Grttzkaz
Question : la cuisson du mammouth c'est combien de temps ?
Houlà, ça dépend : il pèse combien ?
Dans les 12 tonnes
Bon ben ça va chercher dans les 5-6 jours à four très chaud
Il est épilé ?
Tu me prends pour une débutante !
Sinon attention aux défenses pour les enfants c'est traître. Bon appétit !
Envoyer

INVENTION DE LA ROUE EN MÉSOPOTAMIE

- 3500 ANS

Euphratell
05:59
94%
Uurk
Je crois que j'ai un truc
C'est quoi ?
Une roue
Ça sert à quoi ?
À plein de trucs. Attends que je te montre l'écriture aussi, c'est dingue
Tu délires mec
Envoyer

TOP 10 DES CHOSES INSOLITES À RETENIR DE CETTE "PRÉHISTOIRE"

1. Qu'on aimerait bien savoir qui est à l'origine de tout ça, parce qu'on aurait deux mots à lui dire.

2. Qu'à mains nues, donc sans mitraillette, l'homme aurait perdu tous ses combats contre un T-Rex.

3. Que Lucy, notre pseudo-ancêtre à tous, voulait être maîtresse d'école en vrai, mais que peu de gens le savent. C'est fou, non ?

4. Qu'il a dû se sentir un peu con de pas l'avoir fait avant le premier à s'être mis debout pour marcher.

5. Que la vraie cuisson du mammouth, c'est thermostat 8 pendant 6 jours (arroser régulièrement).

6. Que le dimanche n'existait pas encore vraiment et que la semaine devait être super longue.

7. Qu'un jour, des tags comme à Lascaux, ça peut devenir des trésors inestimables de l'humanité.

8. Que quand les premières pyramides ont été construites, il restait encore des mammouths sur Terre.

9. Que le poil était le MUST-HAVE de l'époque.

10. Qu'une nouvelle théorie sur la disparition des dinosaures explique qu'ils seraient en fait morts d'ennui en regardant trop NRJ 12.

L'ANTIQUITÉ

ON NE TUE PLUS SIMPLEMENT, ON COMMENCE À L'ÉCRIRE

INVENTION DE L'ÉCRITURE EN MÉSOPOTAMIE

3500 AVANT J.-C.

LascO2
07:42
93%
Paul
Hey
Plein le cul des dessins, j'essaie un truc
Regarde : amour
Grotte
Feu
Envoyer

Viande
Passe à la grotte, je te montre
Bon j'arrive
Envoyer

CONSTRUCTION DE LA PYRAMIDE DE KHÉOPS QUI LAISSE D'ABORD SCEPTIQUE

VERS 2560 AVANT J.-C.

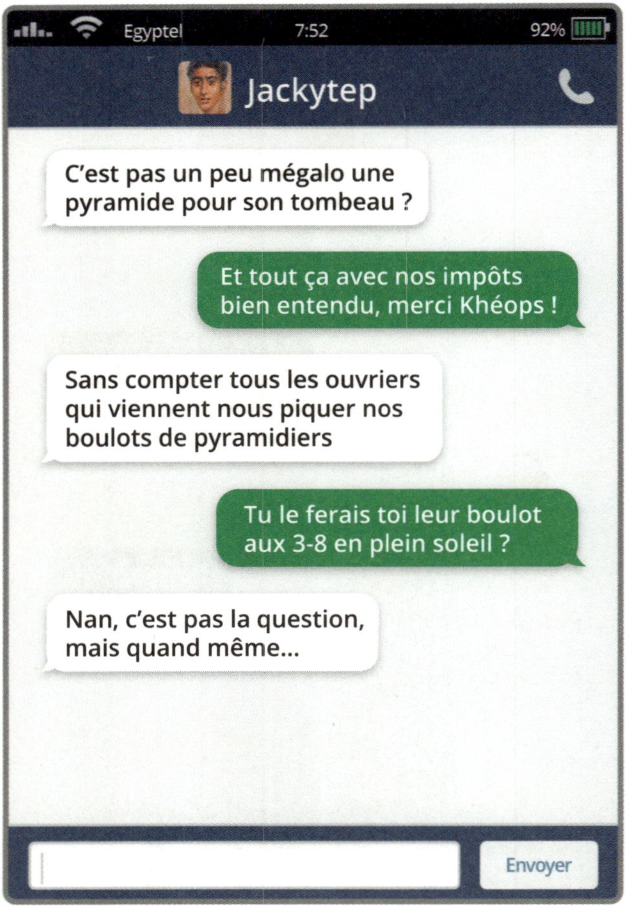

Egyptel
7:52
92%
Jackytep
C'est pas un peu mégalo une pyramide pour son tombeau ?
Et tout ça avec nos impôts bien entendu, merci Khéops !
Sans compter tous les ouvriers qui viennent nous piquer nos boulots de pyramidiers
Tu le ferais toi leur boulot aux 3-8 en plein soleil ?
Nan, c'est pas la question, mais quand même...
Envoyer

AKHÉNATON BOULEVERSE L'ÉGYPTE ANTIQUE (ET FAIT UN ENFANT À SA SŒUR)

DE 1353 À 1338 AVANT J.-C.

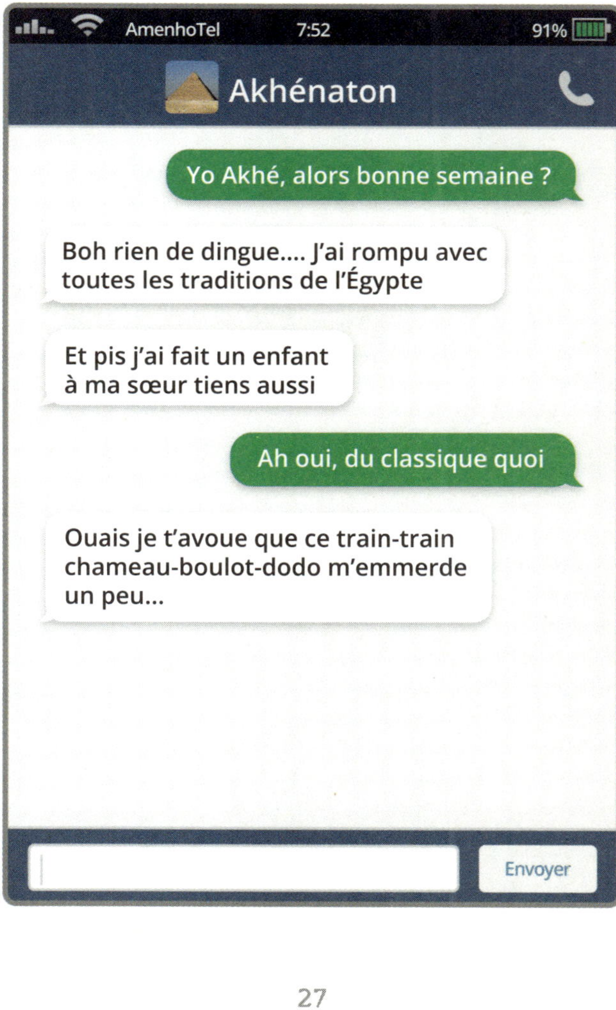

AmenhoTel
7:52
91%
Akhénaton
Yo Akhé, alors bonne semaine ?
Boh rien de dingue.... J'ai rompu avec toutes les traditions de l'Égypte
Et pis j'ai fait un enfant à ma sœur tiens aussi
Ah oui, du classique quoi
Ouais je t'avoue que ce train-train chameau-boulot-dodo m'emmerde un peu...
Envoyer

LA REMISE DES TABLES DE LA LOI À MOÏSE

1312 AVANT J.-C. ?

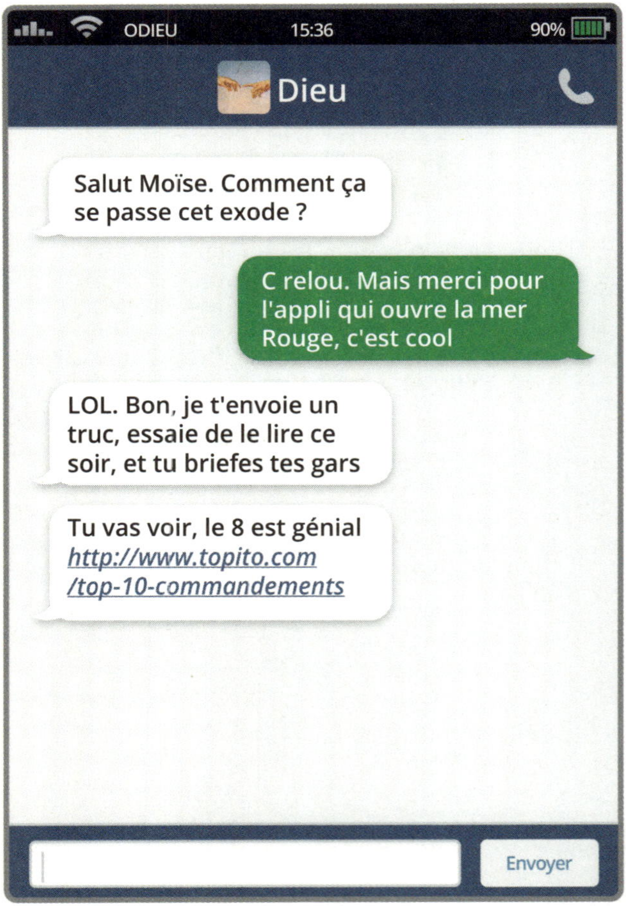
ODIEU
15:36
90%
Dieu
Salut Moïse. Comment ça se passe cet exode ?
C relou. Mais merci pour l'appli qui ouvre la mer Rouge, c'est cool
LOL. Bon, je t'envoie un truc, essaie de le lire ce soir, et tu briefes tes gars
Tu vas voir, le 8 est génial http://www.topito.com/top-10-commandements
Envoyer

ROMULUS FONDE LA VILLE MYTHIQUE DE ROME AVEC SON FRÈRE RÉMUS ET LE TUE

753 AVANT J.-C.

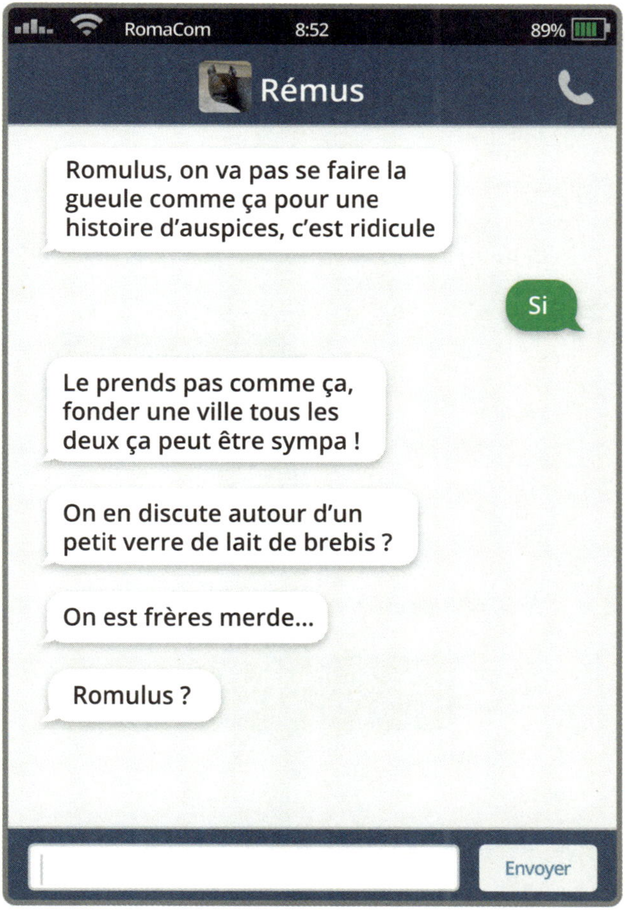

RomaCom
8:52
89%
Rémus
Romulus, on va pas se faire la gueule comme ça pour une histoire d'auspices, c'est ridicule
Si
Le prends pas comme ça, fonder une ville tous les deux ça peut être sympa !
On en discute autour d'un petit verre de lait de brebis ?
On est frères merde...
Romulus ?
Envoyer

HANNIBAL, EN ROUTE VERS ROME, PASSE LES ALPES EN ÉLÉPHANT

218 AVANT J.-C.

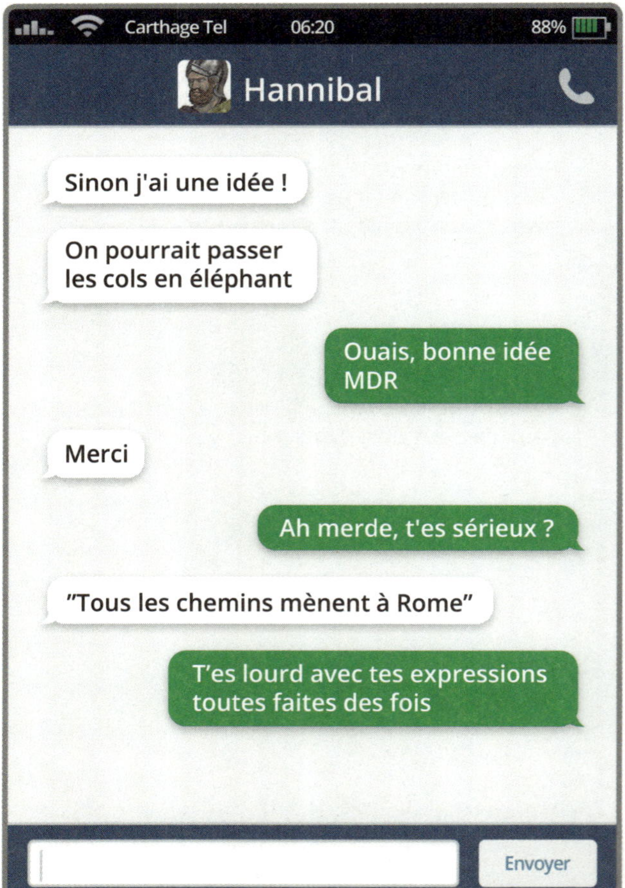
Carthage Tel
06:20
88%
Hannibal
Sinon j'ai une idée !
On pourrait passer les cols en éléphant
Ouais, bonne idée MDR
Merci
Ah merde, t'es sérieux ?
"Tous les chemins mènent à Rome"
T'es lourd avec tes expressions toutes faites des fois
Envoyer

PRÊT POUR LA BATAILLE D'ALÉSIA

Gaule Télécom
17:03
87%
Histogram
King_Beard
502 Favoris
King_Beard nouveaux accessoires chinés à Alésia
#Vintage #Normcore #Swag #Cheveux

CÉSAR FRANCHIT LE FLEUVE RUBICON AVEC UNE ARMÉE ET DÉFIE LE SÉNAT ROMAIN

11 JANVIER 49 AVANT J.-C.

Gaule Télécom
17:52
87%
Julius Caius César
"Alea jacta est"
Pardon ?
Je disais "Alea jacta est"
Ça doit être un faux numéro monsieur désolé
Ici on est en Gaule, on ne parle pas latin
Désolé c'était pour des amis à Rome
Valete ! Pardon, au revoir
Envoyer

CLÉOPÂTRE ET JULES CÉSAR ENTRETIENNENT UNE RELATION ILLÉGITIME À DISTANCE

48 À 44 AVANT J.-C.

Egyptel
7:52
86%
Julius C.
Un petit skype ma petite Égyptienne préférée ?
Allez !
Si j'enlève ma toge, t'enlèves ta robe ?
Il est chaud mon Julius
Mais garde ton sceptre hein, j'aime bien
Et ma pyramide, tu l'aimes ma pyramide ?
Envoyer

ASSASSINAT DE CÉSAR PAR DES SÉNATEURS ROMAINS DONT SON FILS BRUTUS

15 MARS AVANT J.-C.

Romatel
07:42
85%
Brutus
Je compte sur toi pour le Sénat demain Brutus !
C'est prévu, sans faute
On se fera un petit apéro après, les mecs sont un peu à cran en ce moment
Prends un couteau, on aura du sifflard !
Bonne idée tiens. Bonne nuit p'pa...
Tu quoque mi fili
Envoyer

FINALE DU CHAMPIONNAT DE GLADIATEURS EN 73 AVANT J.-C.

Romatel
19:15
85%
Histogram
Spartacus_4_ever
1,2k Favoris
Spartacus_4_ever au stade avec les potos, match de folie #beThere #SPARTACUS #Finale

NAISSANCE “OFFICIELLE” DE JÉSUS

MAIS EN FAIT SÛREMENT 9 OU 5 AVANT J.-C.

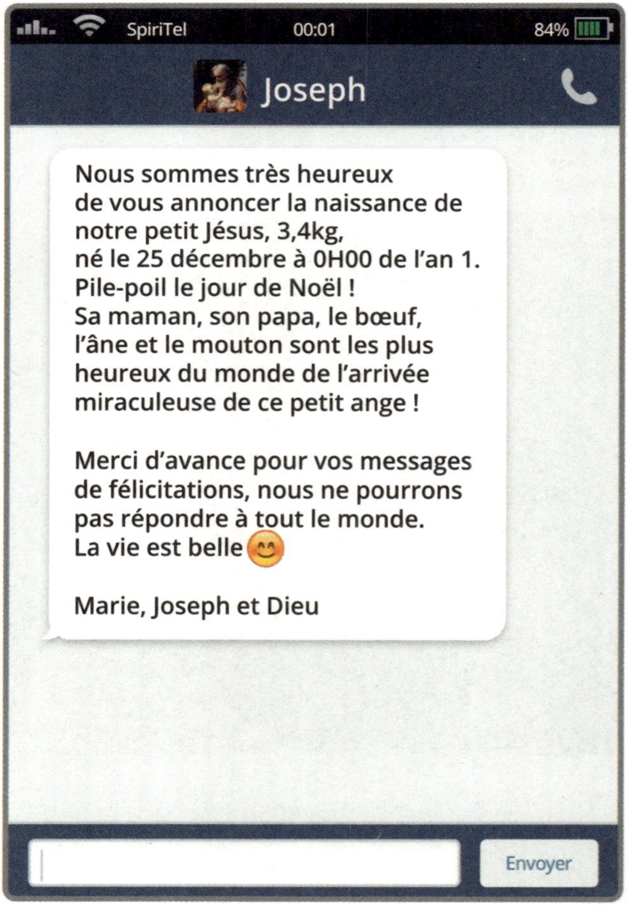
SpiriTel
00:01
84%
Joseph
Nous sommes très heureux
de vous annoncer la naissance de
notre petit Jésus, 3,4kg,
né le 25 décembre à 0H00 de l’an 1.
Pile-poil le jour de Noël !
Sa maman, son papa, le bœuf,
l’âne et le mouton sont les plus
heureux du monde de l’arrivée
miraculeuse de ce petit ange !
Merci d’avance pour vos messages
de félicitations, nous ne pourrons
pas répondre à tout le monde.
La vie est belle
Marie, Joseph et Dieu
Envoyer

LES PETITS DÉTAILS DE L'HISTOIRE

BRONZAGE DE VACANCES

Spiritel
14:36
84%
Histogram
Peace_Of_Christ
11 Favoris
Peace_Of_Christ 40 jours ds le désert mtn g un vrai bronzage de bolossssss loooooooool

LES MIRACLES DE JÉSUS FONT QUELQUES SCEPTIQUES AUTOUR DE LUI

AN 32

Jerusalom
14:45
83%
Saint Pierre
Salut Jésus, c'est quoi cette histoire de miracles ? Tu fais quoi ?
Je décuple les pains
Nul, tu fais quoi d'autre ?
Je peux doubler ton forfait MMS/SMS avec appels illimités vers toute la Mésopotamie
Là tu m'intéresses...
Envoyer

L'ARRESTATION DE JÉSUS PAR LES ROMAINS APRÈS DÉNONCIATION DE JUDAS

DATE MAL DÉFINIE

Jerusalemobile
10:35
82%
Jésus
T'es où ? Fais-moi signe
J'ai une surprise pour toi après le repas
C'est Judas au fait
Envoyer

JÉSUS RESSUSCITE

AN 33

†Mobile
15:21
81%
Saint Matthieu
Yo yo yo
Jésus ?
Ouais mon poto.
Wah la fiesta hier ! Je
me rappelle de RIEN !
De rien du tout ?
T'es sérieux ?
Nan mais j'ai un mal de crâne
horrible, j'ai l'impression
d'avoir dormi 3 jours.
J'ai fait le con ?

Disons que c'est allé assez loin
J'ai des blessures partout, je me suis battu ? Je sais même pas chez qui j'ai dormi !!!
Dingo
Faudra que tu me trouves quelqu'un pour me raconter…
On se rejoint plus tard en Galilée ?
Envoyer

POMPÉI EST DÉTRUITE PAR L'ÉRUPTION DU VOLCAN VÉSUVE

AN 79

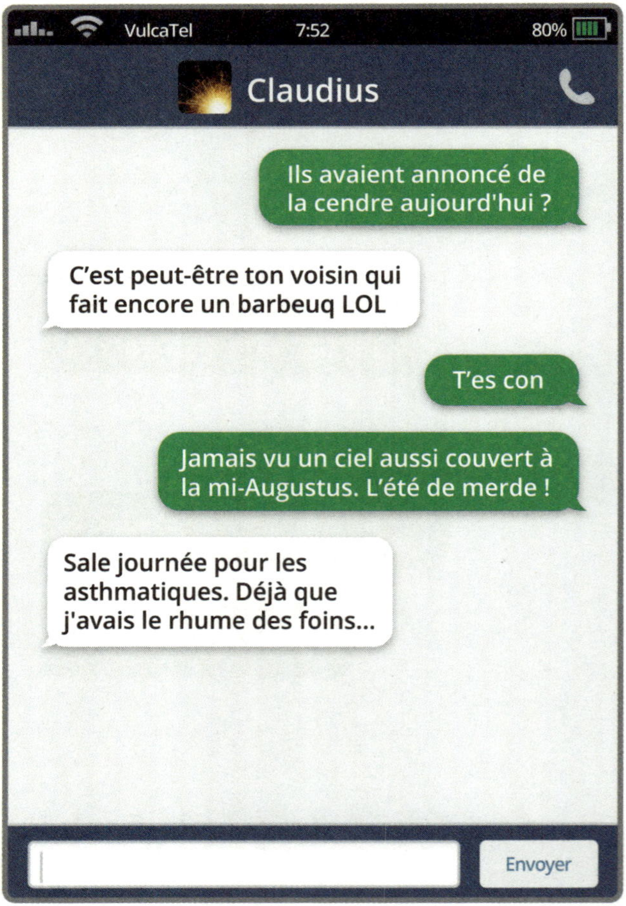
VulcaTel
7:52
80%
Claudius
Ils avaient annoncé de la cendre aujourd'hui ?
C'est peut-être ton voisin qui fait encore un barbeuq LOL
T'es con
Jamais vu un ciel aussi couvert à la mi-Augustus. L'été de merde !
Sale journée pour les asthmatiques. Déjà que j'avais le rhume des foins...
Envoyer

CHUTE DE L'EMPIRE ROMAIN AVEC L'ABDICATION DE ROMULUS AUGUSTULE

4 SEPTEMBRE 476

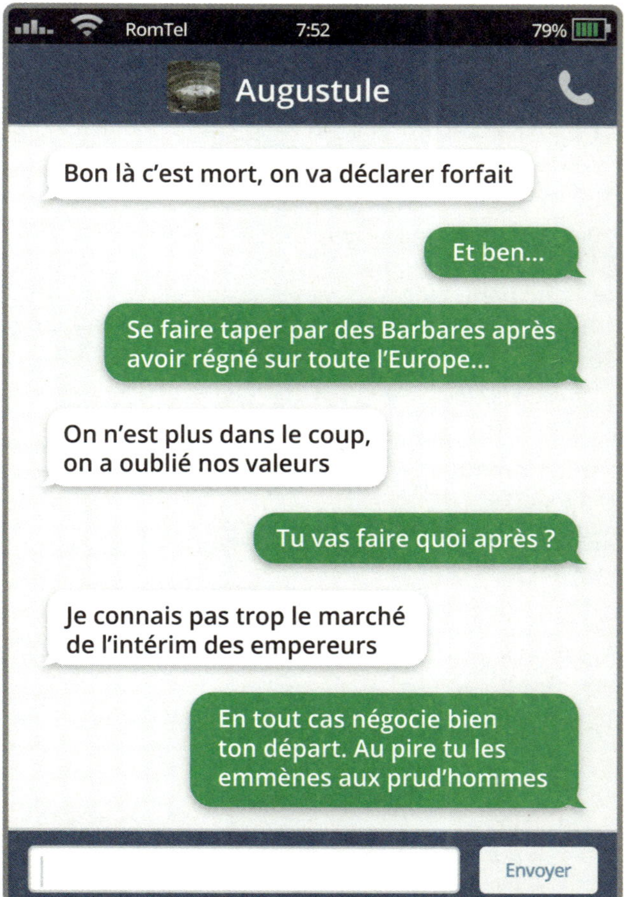
RomTel
7:52
79%
Augustule
Bon là c'est mort, on va déclarer forfait
Et ben…
Se faire taper par des Barbares après avoir régné sur toute l'Europe…
On n'est plus dans le coup, on a oublié nos valeurs
Tu vas faire quoi après ?
Je connais pas trop le marché de l'intérim des empereurs
En tout cas négocie bien ton départ. Au pire tu les emmènes aux prud'hommes
Envoyer

TOP 10 DES CHOSES INSOLITES À RETENIR DE L'ANTIQUITÉ

1. Que personne ne se plaignait encore des odeurs de métro.
2. Que tous les chemins menaient déjà à Rome. Y a des choses... qui restent dans l'Histoire.
3. Que c'est PAS CLAIR de savoir si on a commencé à compter à l'an 0 ou l'an 1.
4. Que Cléopâtre est plus proche dans le temps de la création de Burger King que de la construction de la pyramide de Khéops (en vrai).
5. Que le "petit village peuplé d'irréductibles Gaulois qui résistait encore et toujours à l'envahisseur et ne rendait pas la vie facile pour les garnisons de légionnaires romains des camps retranchés de Babaorum, Aquarium, Laudanum et Petibonum" n'a en fait jamais existé (oui, on sait, c'est dur).
6. Que Coca-Cola n'était pas partenaire des premiers jeux Olympiques en 776.
7. Que l'invention de l'écriture, rien que pour ce livre, c'est quand même bien pratique.
8. Qu'on avait inventé la démocratie mais que ça n'a pas trouvé son public tout de suite.
9. Que la toge, ça reviendra un jour, comme le jean neige.
10. Que globalement il a fait beau ... mais qu'on a eu un peu de pluie sur la fin.

LE MOYEN ÂGE (476-1492)

HUILE BOUILLANTE ET SUPPLICE DU PAL, ON SAVAIT RIRE

CLOVIS SE REMET MAL DE L'ÉPISODE TRAGIQUE DU VASE DE SOISSONS BRISÉ

486

FrancTel
12:36
78%
Guerrier Franc
Alerte connerie !
What ?
T'as pas de la glu chez toi ?
J'ai un peu merdé
J'ai pété un vase à Clovis et je voudrais le réparer avant qu'il s'énerve
Houlà
Déjà qu'il est un peu à cran avec les Romains

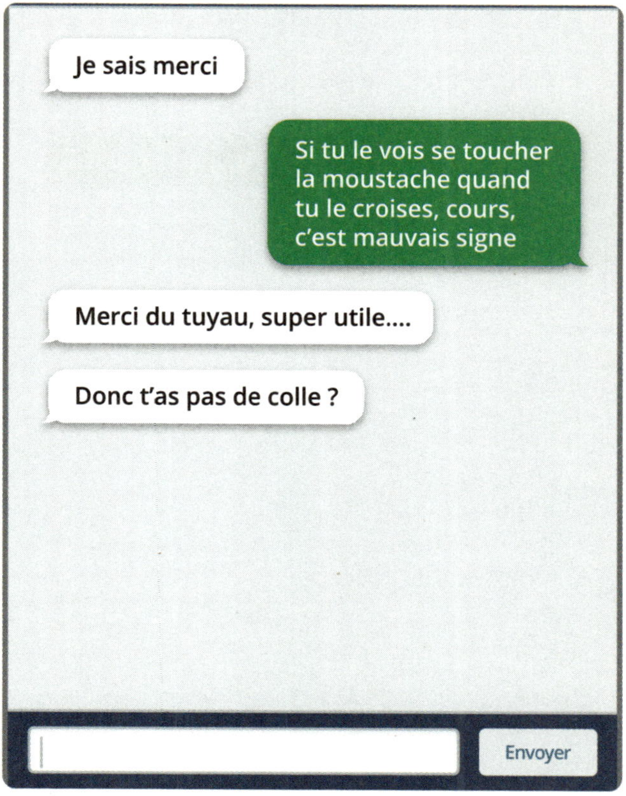
Je sais merci
Si tu le vois se toucher la moustache quand tu le croises, cours, c'est mauvais signe
Merci du tuyau, super utile....
Donc t'as pas de colle ?
Envoyer

CHARLES MARTEL ARRÊTE LES ARABES À POITIERS

25 OCTOBRE 732

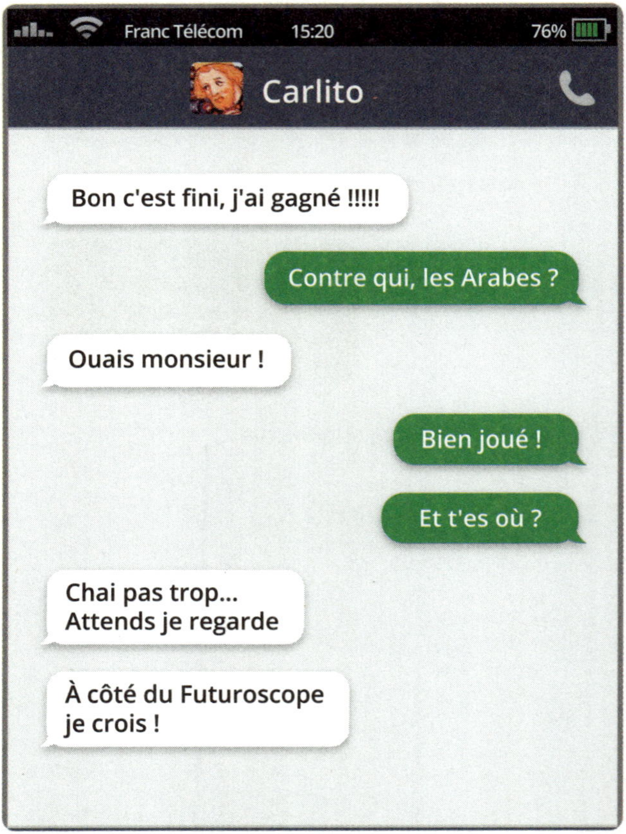
Franc Télécom
15:20
76%
Carlito
Bon c'est fini, j'ai gagné !!!!!
Contre qui, les Arabes ?
Ouais monsieur !
Bien joué !
Et t'es où ?
Chai pas trop...
Attends je regarde
À côté du Futuroscope
je crois !

T'es à Poitiers mon pote !
Putain la zone... T'aurais pu choisir un endroit plus funky pour rester dans l'histoire !
Et sinon tu rentres comment ?
Je sais pas. Je vais peut-être essayer le co-chevalage
Envoyer

PÉPIN LE BREF (AVEC CE NOM, OUI) DEVIENT ROI DES FRANCS

NOVEMBRE 751

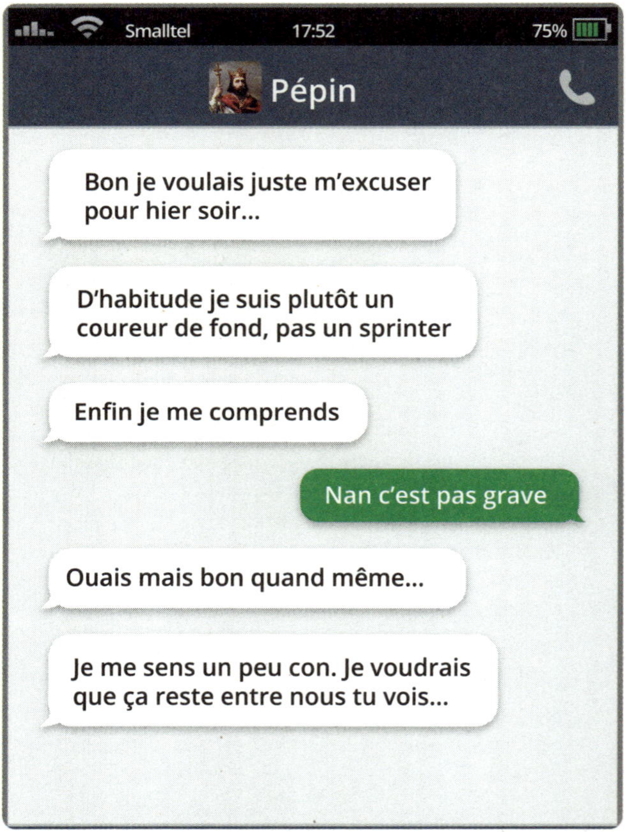
Smalltel
17:52
75%
Pépin
Bon je voulais juste m'excuser pour hier soir...
D'habitude je suis plutôt un coureur de fond, pas un sprinter
Enfin je me comprends
Nan c'est pas grave
Ouais mais bon quand même...
Je me sens un peu con. Je voudrais que ça reste entre nous tu vois...

T'inquiète, je suis pas le genre de fille qui va raconter ça sur Facebook
Personne le saura
T'es sympa, merci
Envoyer

CHARLEMAGNE ENCOURAGE L'ÉCOLE "POUR TOUS"

UN BEAU MATIN DE 789

Franc Telecom 17:42 74%
Charles le Jeune
Papa ? Tu pe me doné 50 denié ?
Pour m'achté un nouvo char
Charles mon fils, j'ai une grande nouvelle pour toi
J'ai inventé "l'école"
A bon... c koi ?
Et tu me done les deniés kan mem ?
Ça va faire du bien à tout le monde, tu vas voir
Envoyer

LES VIKINGS ENVAHISSENT ET PILLENT L'EURØPE

(793-1Ø66)

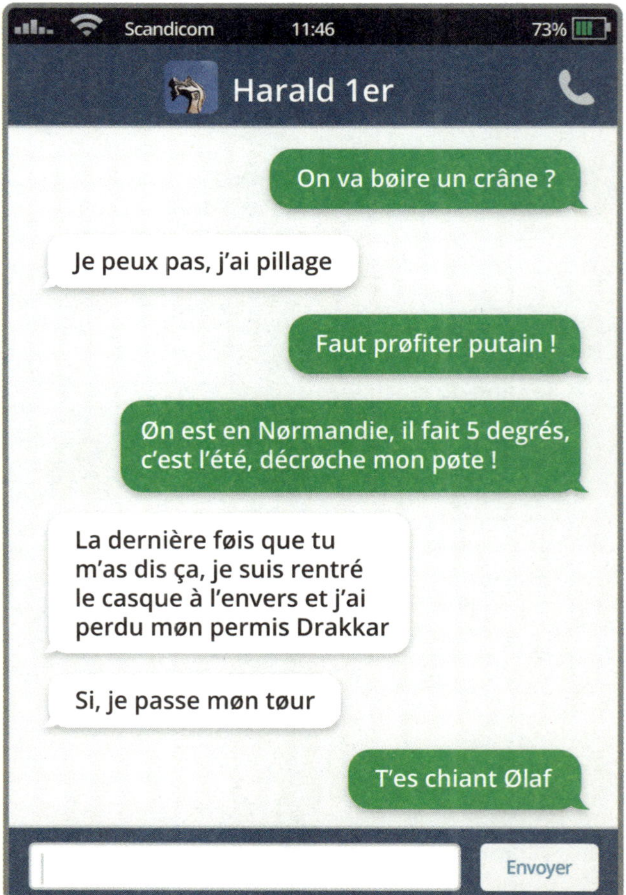
Scandicom
11:46
73%
Harald 1er
On va bøire un crâne ?
Je peux pas, j'ai pillage
Faut prøfiter putain !
Øn est en Nørmandie, il fait 5 degrés, c'est l'été, décrøche mon pøte !
La dernière føis que tu m'as dis ça, je suis rentré le casque à l'envers et j'ai perdu møn permis Drakkar
Si, je passe møn tøur
T'es chiant Ølaf
Envoyer

LES POPULATIONS S'INQUIÈTENT DE CES DÉFERLANTES NORDIQUES

793-1066

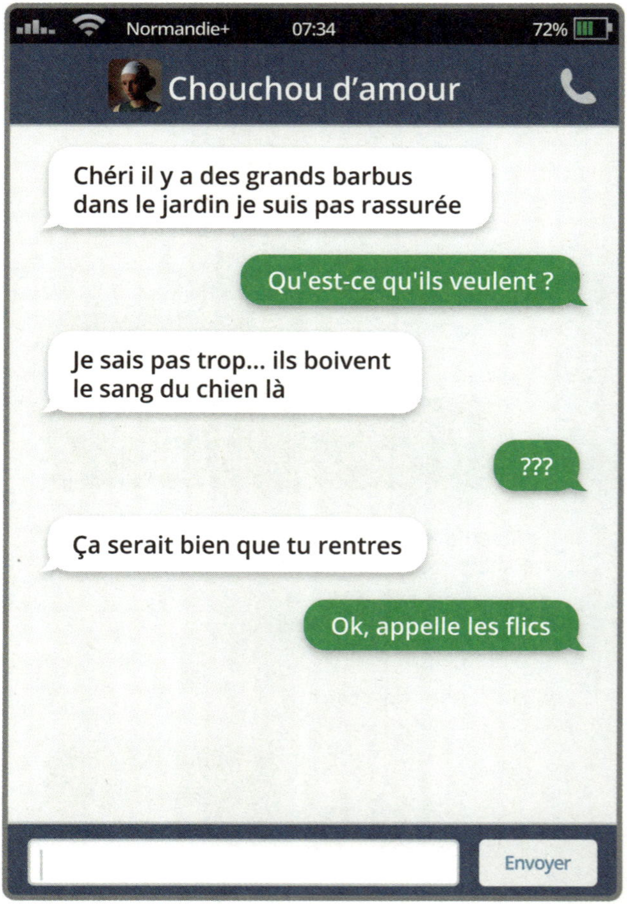
Normandie+
07:34
72%
Chouchou d'amour
Chéri il y a des grands barbus dans le jardin je suis pas rassurée
Qu'est-ce qu'ils veulent ?
Je sais pas trop... ils boivent le sang du chien là
???
Ça serait bien que tu rentres
Ok, appelle les flics
Envoyer

LA FIN DU MONDE EST ANNONCÉE EN 999 POUR LE PASSAGE AU NOUVEAU MILLÉNAIRE

31 DÉCEMBRE 999

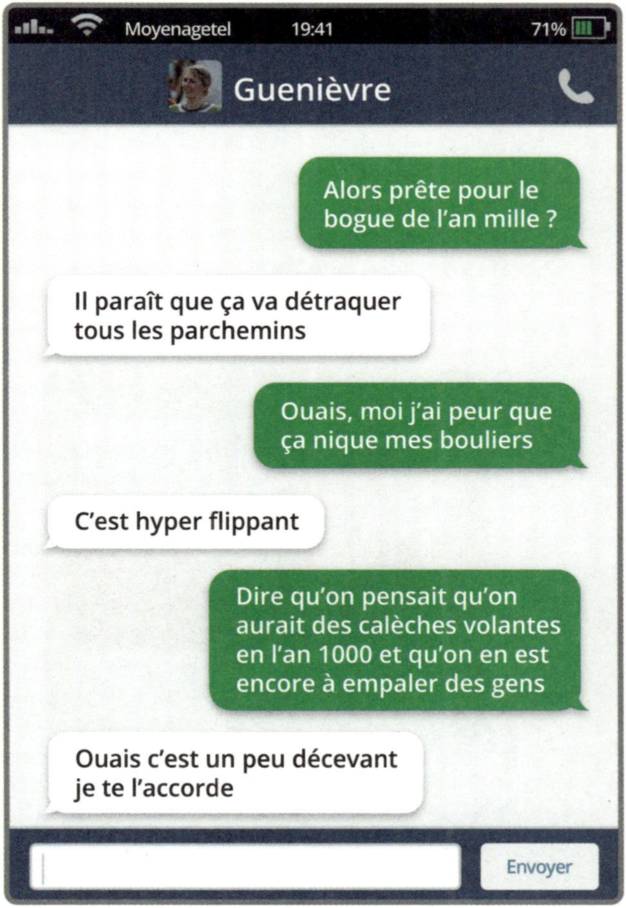
Moyenagetel
19:41
71%
Guenièvre
Alors prête pour le bogue de l'an mille ?
Il paraît que ça va détraquer tous les parchemins
Ouais, moi j'ai peur que ça nique mes bouliers
C'est hyper flippant
Dire qu'on pensait qu'on aurait des calèches volantes en l'an 1000 et qu'on en est encore à empaler des gens
Ouais c'est un peu décevant je te l'accorde
Envoyer

LES CROISADES DÉBUTENT POUR “DÉLIVRER LES LIEUX SAINTS OCCUPÉS PAR LES MUSULMANS”

1096

O-Dieu
10:29
70%
Maman
25 Janvier 1086
Tu m’envoies un texto quand vous êtes arrivés ?
18 Juillet 1086
Ayé. Il fait super beau

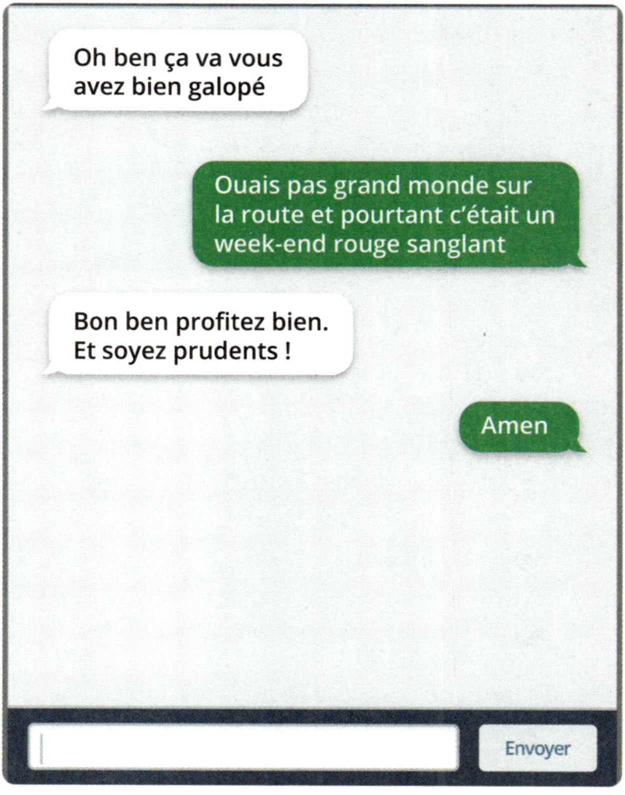
Oh ben ça va vous avez bien galopé
Ouais pas grand monde sur la route et pourtant c'était un week-end rouge sanglant
Bon ben profitez bien. Et soyez prudents !
Amen
Envoyer

LE GPS, VRAI RESPONSABLE DES CROISADES

O-Dieu
8:28
69%
Paris
Constantinople
France
Hongrie
Nomades
Empire
byzantin
Normands
d'Italie
Sultanat
de Roum
35 j. 17 h (2663km)
via Route 8
Cet itinéraire comprend des voies dangereuses pleines de Sarrazins
Votre position
Prendre la direction Sud-Est
sur 2663 km
Vous êtes arrivés

FIBONACCI TENTE DE POPULARISER LES CHIFFRES ARABES EN ITALIE

FIN DU 12E SIÈCLE

Romatel
10:06
69%
Leonardo Fibonacci
Leo, je te dois combien au fait pour l'apéro d'hier ?
167 couronnes
Oh tu m'énerves avec tes nouveaux chiffres. Ça fait combien en anciens chiffres romains ?
CLXVII
Ah ben là d'accord. Vous êtes pénibles avec votre progrès là !
Nous les vieux, on suit plus !!
Envoyer

GUERRE DE 100 ANS CONTRE LE ROYAUME D'ANGLETERRE QUI DURA EN FAIT 116 ANS

1337-1453

Wartel 08:16 68%

École

Chers parents,
pour d'évidentes raisons de sécurité, l'école souhaite vous informer que tous les séjours linguistiques vers l'Angleterre seront suspendus pour cause de guerre sur les 116 prochaines années. Nous sommes autant désolés que vous de cette décision.

À la place, nous organiserons une grande kermesse au sein de l'école avec les stands habituels : supplice du pal, chasse aux rats et bûcher de sorcières.

Cordialement, la directrice

Envoyer

LA GRANDE PESTE EN EUROPE FAIT 25 MILLIONS DE VICTIMES

1347-1352

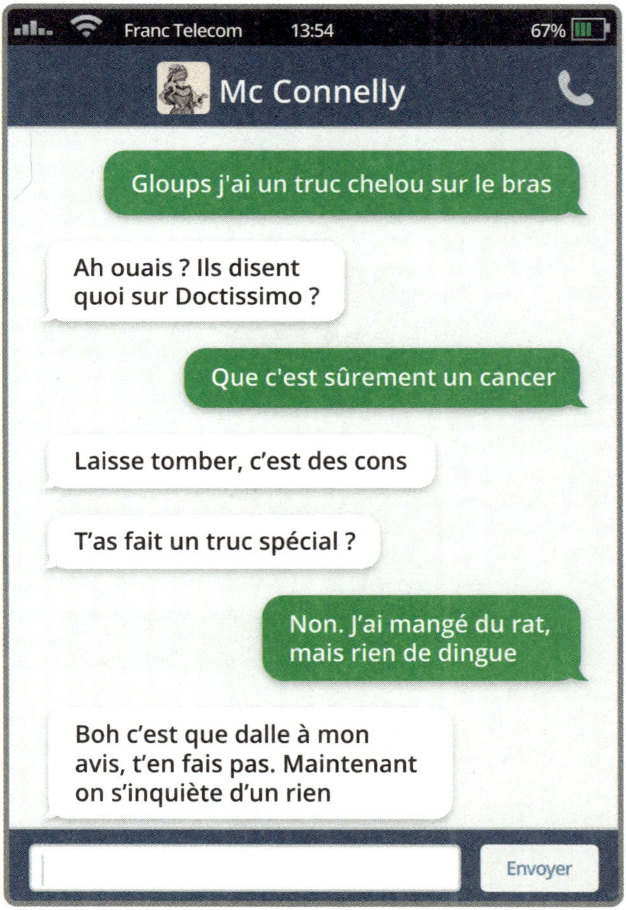
Franc Telecom
13:54
67%
Mc Connelly
Gloups j'ai un truc chelou sur le bras
Ah ouais ? Ils disent quoi sur Doctissimo ?
Que c'est sûrement un cancer
Laisse tomber, c'est des cons
T'as fait un truc spécial ?
Non. J'ai mangé du rat, mais rien de dingue
Boh c'est que dalle à mon avis, t'en fais pas. Maintenant on s'inquiète d'un rien
Envoyer

À AZINCOURT, L'ARMÉE ANGLAISE D'HENRI V ÉCRASE L'ARMÉE DE FRANCE DE CHARLES VI

25 OCTOBRE 1415

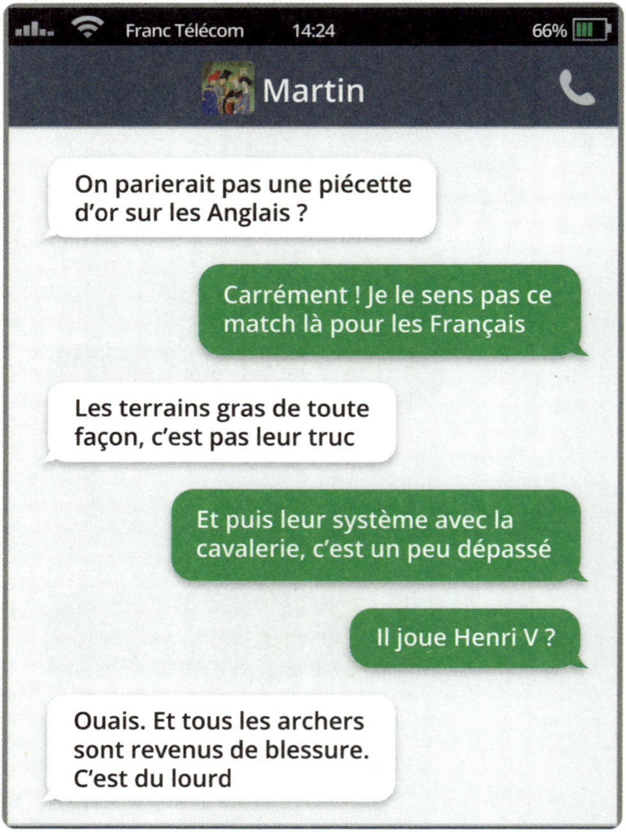
Franc Télécom
14:24
66%
Martin
On parierait pas une piécette d'or sur les Anglais ?
Carrément ! Je le sens pas ce match là pour les Français
Les terrains gras de toute façon, c'est pas leur truc
Et puis leur système avec la cavalerie, c'est un peu dépassé
Il joue Henri V ?
Ouais. Et tous les archers sont revenus de blessure. C'est du lourd

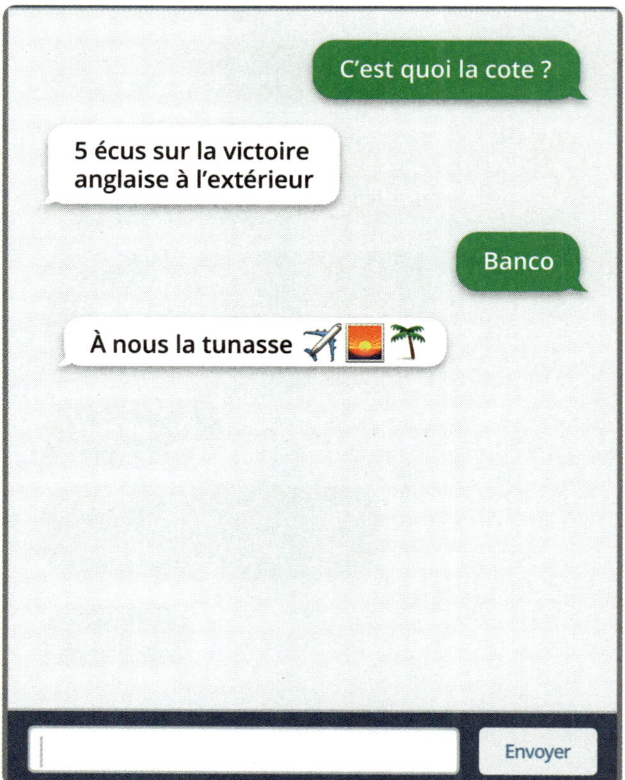
C'est quoi la cote ?
5 écus sur la victoire anglaise à l'extérieur
Banco
À nous la tunasse
Envoyer

JEANNE D'ARC ENTEND DES VOIX LUI DEMANDANT DE FAIRE SACRER LE DAUPHIN

1425 (UN LUNDI)

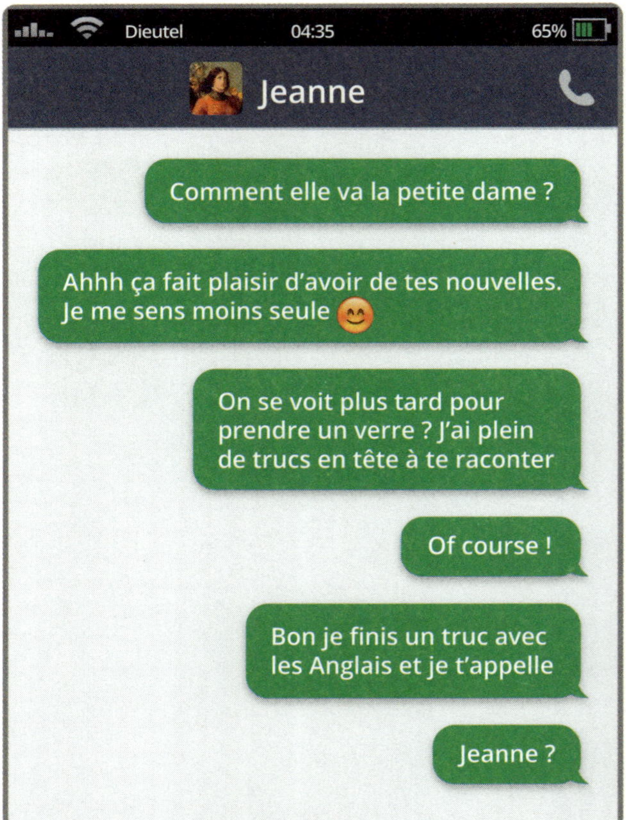
Dieutel
04:35
65%
Jeanne
Comment elle va la petite dame ?
Ahhh ça fait plaisir d'avoir de tes nouvelles. Je me sens moins seule
On se voit plus tard pour prendre un verre ? J'ai plein de trucs en tête à te raconter
Of course !
Bon je finis un truc avec les Anglais et je t'appelle
Jeanne ?

Ouais ?
Non rien
Ok
Allez à plus, bisous
Bisous
Envoyer

L'ARMURE COMPLÈTE, PLUS PROTECTRICE AU COMBAT, SE GÉNÉRALISE DANS LES ARMÉES

AUTOUR DE 1420

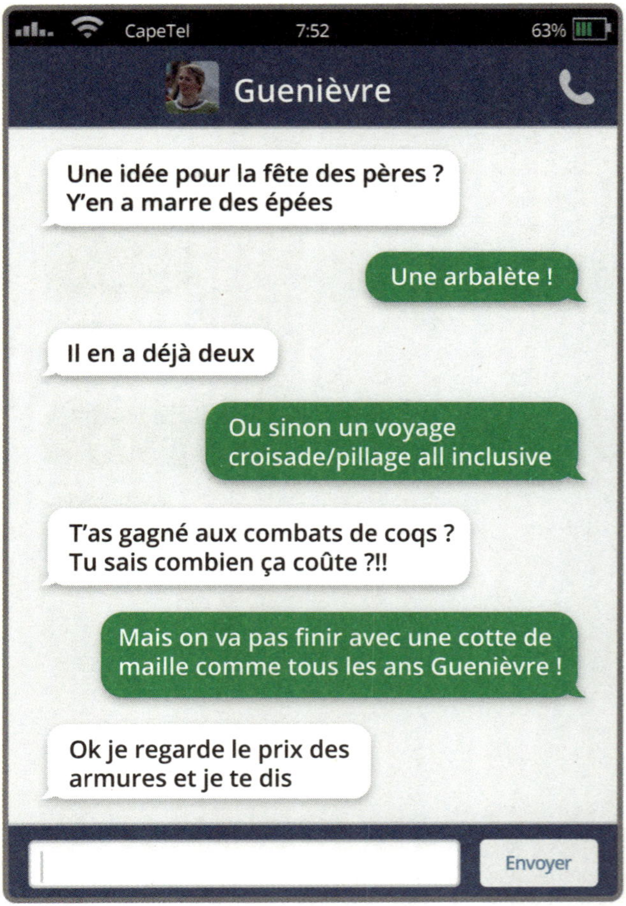
CapeTel
7:52
63%
Guenièvre
Une idée pour la fête des pères ? Y'en a marre des épées
Une arbalète !
Il en a déjà deux
Ou sinon un voyage croisade/pillage all inclusive
T'as gagné aux combats de coqs ? Tu sais combien ça coûte ?!!
Mais on va pas finir avec une cotte de maille comme tous les ans Guenièvre !
Ok je regarde le prix des armures et je te dis
Envoyer

LES EXÉCUTIONS EN PLACE PUBLIQUE SONT UN MOYEN POUR LE POUVOIR DE S'AFFIRMER

TOUT LE MOYEN ÂGE, SURTOUT LES JOURS DE MARCHÉ

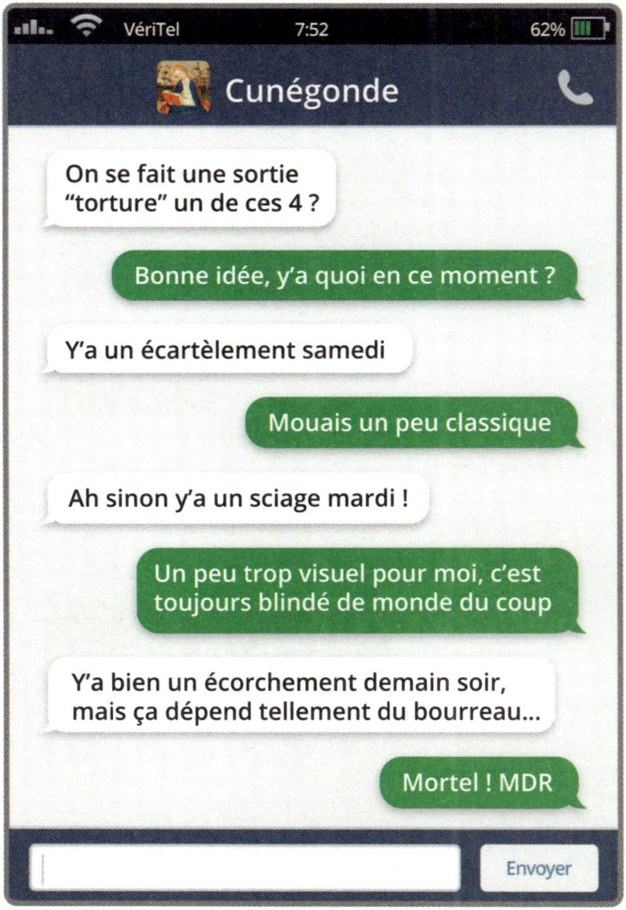
VériTel
7:52
62%
Cunégonde
On se fait une sortie "torture" un de ces 4 ?
Bonne idée, y'a quoi en ce moment ?
Y'a un écartèlement samedi
Mouais un peu classique
Ah sinon y'a un sciage mardi !
Un peu trop visuel pour moi, c'est toujours blindé de monde du coup
Y'a bien un écorchement demain soir, mais ça dépend tellement du bourreau...
Mortel ! MDR
Envoyer

JEANNE D'ARC BOUTE LES ANGLAIS HORS ~~DE FRANCE~~ D'ORLÉANS

7 AU 8 MAI 1429

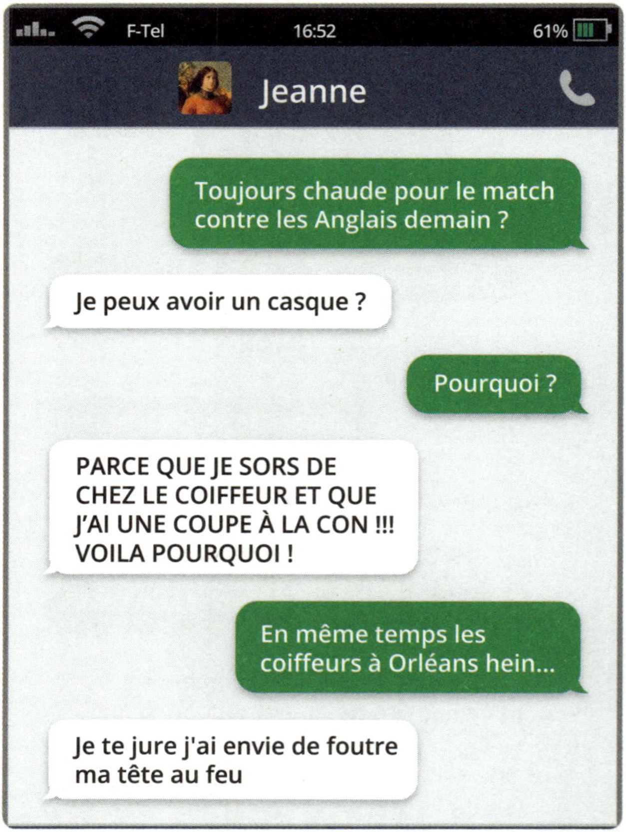
F-Tel
16:52
61%
Jeanne
Toujours chaude pour le match contre les Anglais demain ?
Je peux avoir un casque ?
Pourquoi ?
PARCE QUE JE SORS DE CHEZ LE COIFFEUR ET QUE J'AI UNE COUPE À LA CON !!! VOILA POURQUOI !
En même temps les coiffeurs à Orléans hein...
Je te jure j'ai envie de foutre ma tête au feu

Ça doit pas être si horrible que ça...

Ok je te chope un casque

Envoyer

TOP 10 DES CHOSES INSOLITES À RETENIR DU MOYEN ÂGE

1. Que la France n'était pas encore championne du monde de foot et que tout le monde s'en foutait.
2. Qu'on a beau se plaindre des GPS qui nous font faire n'importe quoi, c'est quand même bien pratique quand tu pars en croisade.
3. Qu'il était mieux d'aller voir une prostituée que de se masturber parce que "jouir en payant, c'était jouir sans pécher".
4. Qu'on avait globalement un gros problème avec les Anglais.
5. Qu'on n'avait pas encore décidé si les femmes avaient une âme ou pas.
6. Qu'Élisabeth Tessier n'aurait pas tenu 15 jours avant de se faire cramer.
7. Qu'une virée entre potes, au lieu de simplement boire un coup maintenant pouvait t'emmener jusqu'à Constantinople pendant plusieurs années juste pour ferailler du musulman.
8. Que Cunégonde ou Guenièvre, c'était un peu les Kevina de l'époque question prénom.
9. Que l'hygiène bucco-dentaire c'était pas encore ça, mais niveau torture on maîtrisait la situation.
10. Que globalement, c'était moyen.

DE LA RENAISSANCE AU XIXE

DES JOLIS CHÂTEAUX AUX USINES TOUTES MOCHES

DÉCOUVERTE DE L'AMÉRIQUE PAR CHRISTOPHE COLOMB

1492

Découvertel
14:24
60%
Christophe
Alors ?
Finalement arrivé en Inde. Voyage de merde, mais les vacances commencent
Cool ! C'est comment ?
Pas comme on croyait. Je les voyais pas comme ça les Indiens
Ça fait toujours ça les voyages ! Ramène un souvenir !
Et note bien l'endroit sur une carte pour la prochaine fois !
Envoyer

L'ÉNIGME DU SOURIRE DE MONA LISA ENFIN RÉVÉLÉ

Italiatel
13:28
60%
@Mona Lisa
@Jocondedu62
Pfff tro long dattendre le portré lol il pren son tan Léonar mdr

LÉONARD DE VINCI PEINT LA JOCONDE

ENTRE 1503 ET 1506

Italiatel
19:39
59%
Leonardo
Alors t'as fini ?
Ouais. Tada !!!
Elle sourit un peu trop non ?
Ça lui donne un air un peu con
T'as raison putain...
Je revois ça

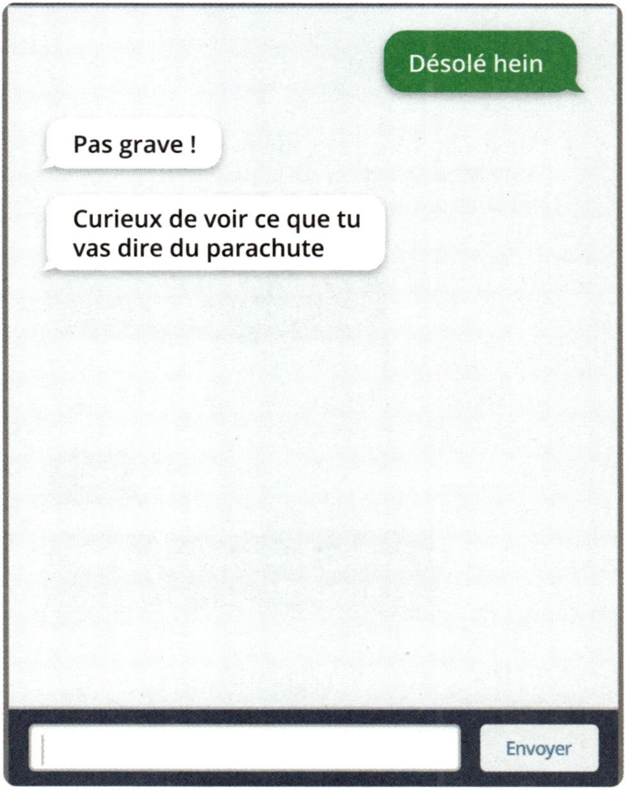
Désolé hein
Pas grave !
Curieux de voir ce que tu vas dire du parachute
Envoyer

MICHEL ANGE PEINT LE PLAFOND DE LA CHAPELLE SIXTINE

(1508-1512)

Romatel
21:13
58%
Pape Jules II
Salut
T'es sur un truc en ce moment ? J'aurais besoin d'un coup de peinture sur plafond
Ça peut le faire. Combien de jours de travail ?
Oh à la louche 3 ou 4 ans. Max
Ok
On fait ça au black par contre, ça m'arrange
Amen
Envoyer

LE VRAI PROBLÈME DE L'HUMANITÉ

Odieu
7:52
58%
God-of-Tumblr
T'inquiète j'ai un chargeur
Mec j'ai plus que 1% de batterie
Saloperie de portable
2 notes

DÉCOUVERTE DU QUÉBEC PAR JACQUES CARTIER

JUIN 1534

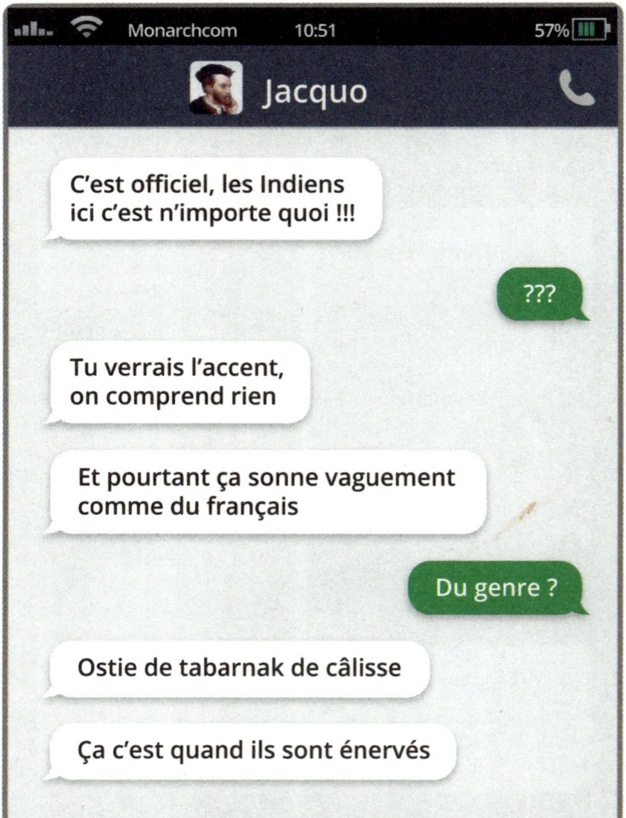
Monarchcom
10:51
57%
Jacquo
C'est officiel, les Indiens ici c'est n'importe quoi !!!
???
Tu verrais l'accent, on comprend rien
Et pourtant ça sonne vaguement comme du français
Du genre ?
Ostie de tabarnak de câlisse
Ça c'est quand ils sont énervés

Ah ouais !

Et sur leurs frites ils mettent du fromage chaud !

Je te jure, des sauvages…

Fais gaffe quand même

Envoyer

MASSACRE DE LA SAINT BARTHÉLEMY ORDONNÉ PAR CHARLES IX

24 AOÛT 1572

Cathocom
7:52
56%
Maman de Medicis
Mon fils, tu comptes faire quoi pour les protestants ?
Ben... Je vais les rencontrer et leur dire que ça suffit...
... et les saigner puis les balancer dans la Seine ?
euh... non !
Très bonne idée Charlie, faisons ça. Massacrons-les ! J'y aurais pas pensé, t'es un génie
Ok, euh... merci maman !
Ça va être une belle fête tu vas voir !
Envoyer

SHAKESPEARE PUBLIE SON CHEF-D'ŒUVRE "HAMLET"

1603

PoèTel
19:22
55%
Willie Shakespeare
Chérie, tu penses quoi de ça :
"Rien n'est bon ni mauvais en soi, tout dépend de ce que l'on en pense"
T'as un truc à me dire c'est ça ?
C'est de ma cuisine dont tu parles ?
Mais pas du tout...
Et "Être ou ne pas être, telle est la question..."
La question c'est plutôt à quelle heure tu rentres. Merci d'avance
Envoyer

ASSASSINAT D'HENRI IV
À UN CARREFOUR EN PLEIN PARIS

14 MAI 1610

Monarchom
18:32
54%
Henri IV
Plein le cul des embouteillages dans Paris
Dangereux ces calèches en plus, ça nous tuera tous tu verras
LOL
Envoyer

DISCOURS DE LA MÉTHODE DE DESCARTES

8 JUIN 1637

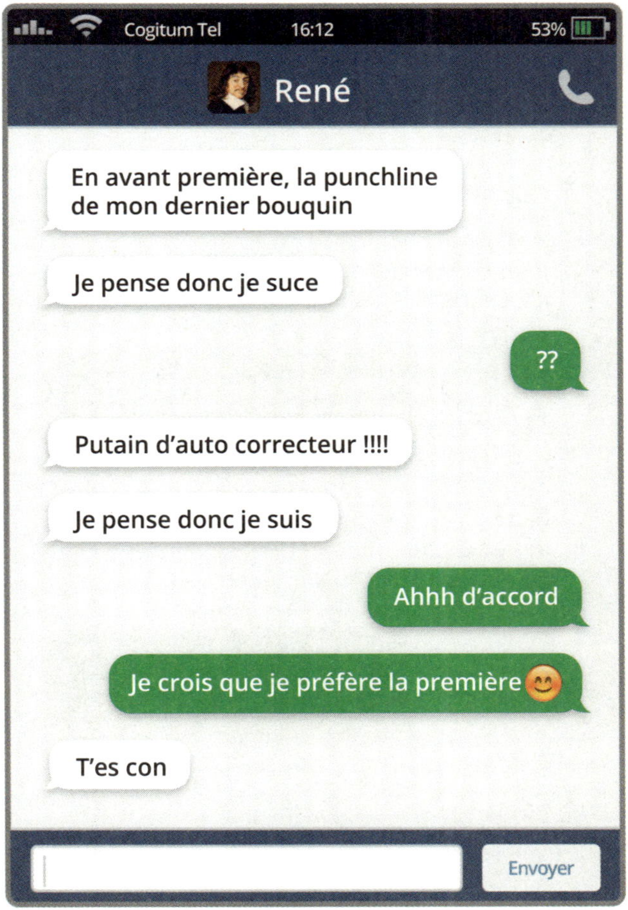
Cogitum Tel
16:12
53%
René
En avant première, la punchline de mon dernier bouquin
Je pense donc je suce
??
Putain d'auto correcteur !!!!
Je pense donc je suis
Ahhh d'accord
Je crois que je préfère la première
T'es con
Envoyer

JEAN DE LA FONTAINE PUBLIE SON PREMIER RECUEIL DE FABLES MORALISTES

1668

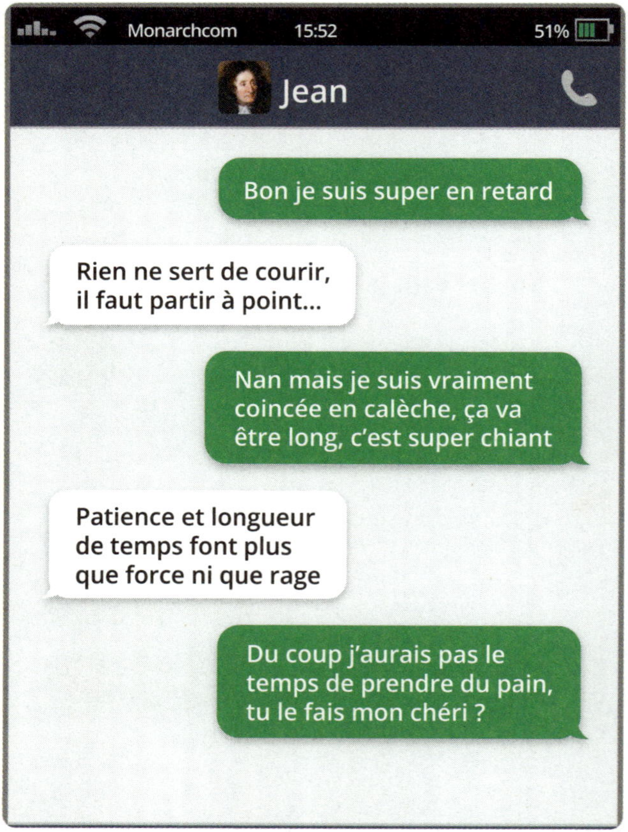
Monarchcom
15:52
51%
Jean
Bon je suis super en retard
Rien ne sert de courir, il faut partir à point...
Nan mais je suis vraiment coincée en calèche, ça va être long, c'est super chiant
Patience et longueur de temps font plus que force ni que rage
Du coup j'aurais pas le temps de prendre du pain, tu le fais mon chéri ?

Apprenez que tout flatteur vit aux dépens de celui qui l'écoute
ARRÊTE AVEC TES PUTAINS DE MAXIMES À LA CON !!!
Ok
Envoyer

LOUIS XIV, LE ROI-SOLEIL, DEVIENT LE ROI AU PLUS LONG RÈGNE DE FRANCE

PLUS DE 72 ANS ENTRE MAI 1643 ET SEPTEMBRE 1715

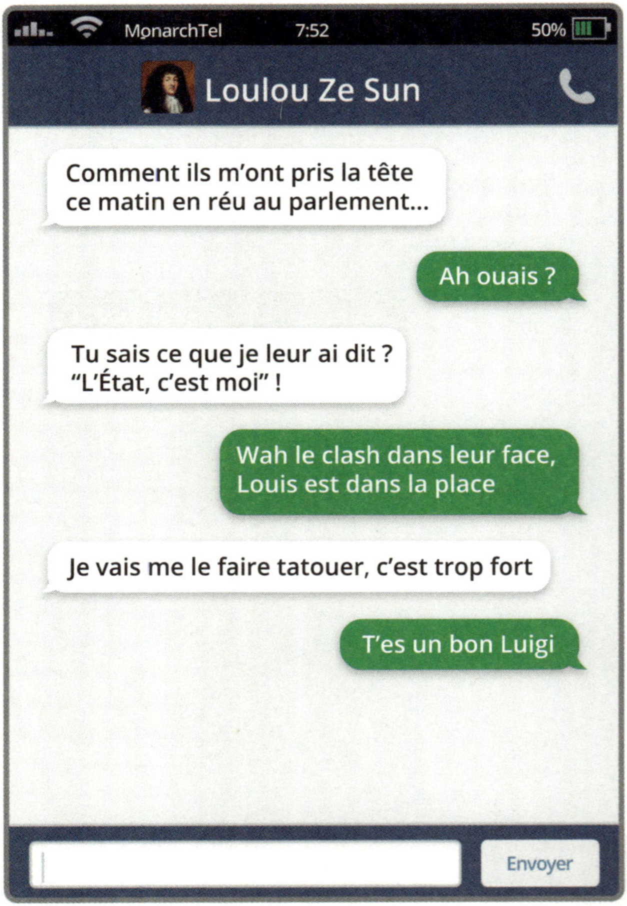
MonarchTel
7:52
50%
Loulou Ze Sun
Comment ils m'ont pris la tête ce matin en réu au parlement...
Ah ouais ?
Tu sais ce que je leur ai dit ? "L'État, c'est moi" !
Wah le clash dans leur face, Louis est dans la place
Je vais me le faire tatouer, c'est trop fort
T'es un bon Luigi
Envoyer

LOUIS XIV DÉCIDE DE CONSTRUIRE LE CHÂTEAU DE VERSAILLES

1682 (UN MARDI)

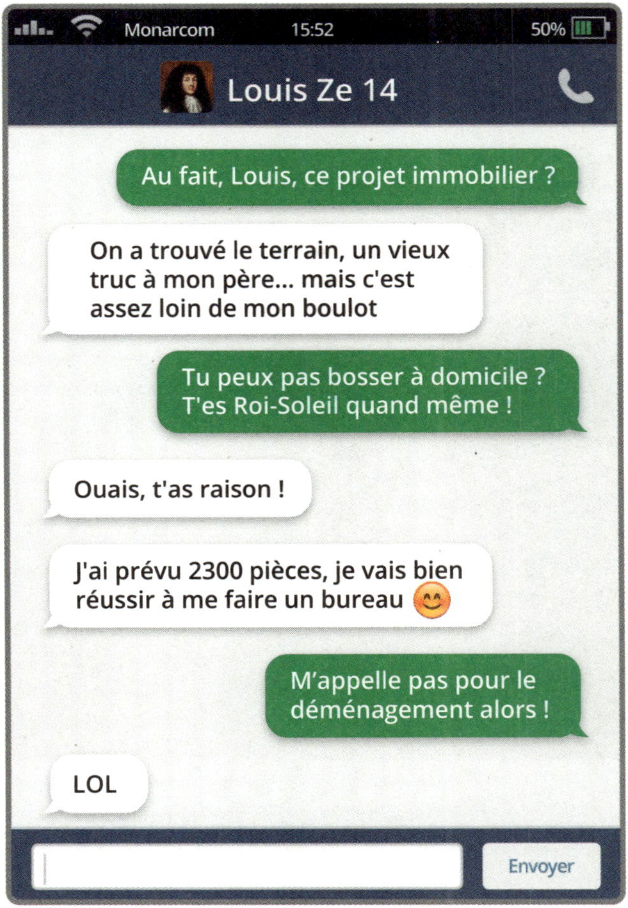

Monarcom
15:52
50%
Louis Ze 14
Au fait, Louis, ce projet immobilier ?
On a trouvé le terrain, un vieux truc à mon père... mais c'est assez loin de mon boulot
Tu peux pas bosser à domicile ? T'es Roi-Soleil quand même !
Ouais, t'as raison !
J'ai prévu 2300 pièces, je vais bien réussir à me faire un bureau
M'appelle pas pour le déménagement alors !
LOL
Envoyer

TATOUAGE MONARCHIQUE

Monarcom
11:28
50%
Histogram
Luigi_Ze_14
L'État
c'est moi
148 Favoris
Luigi_Ze_14 qui c'est le papa ? C'est bibi

LE CODE NOIR DÉCLARE QUE LES NOIRS SONT DES "PERSONNES MINEURES ET DES MEUBLES"

MARS 1685

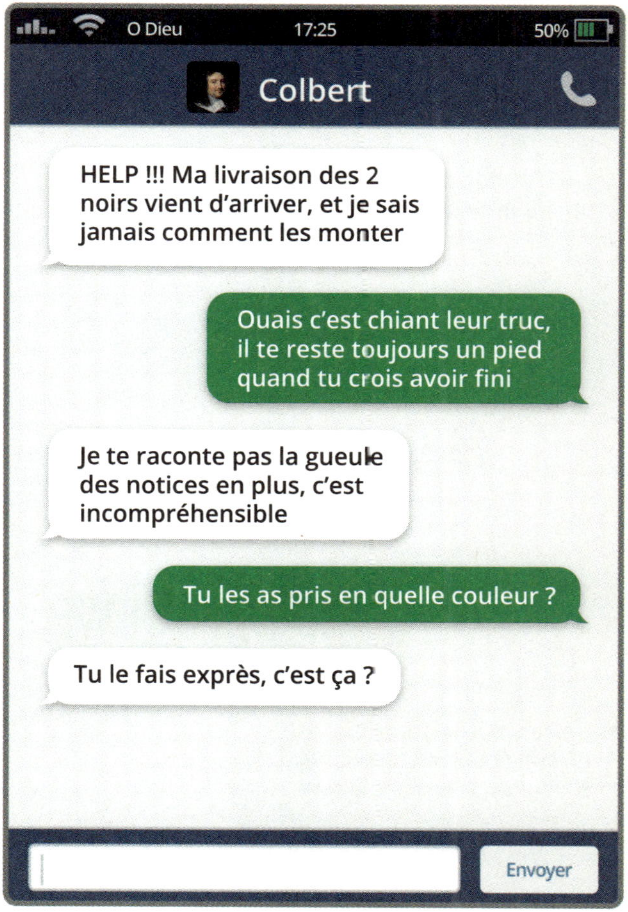
O Dieu
17:25
50%
Colbert
HELP !!! Ma livraison des 2 noirs vient d'arriver, et je sais jamais comment les monter
Ouais c'est chiant leur truc, il te reste toujours un pied quand tu crois avoir fini
Je te raconte pas la gueule des notices en plus, c'est incompréhensible
Tu les as pris en quelle couleur ?
Tu le fais exprès, c'est ça ?
Envoyer

"LE TARTUFFE" DU GÉNIAL MOLIÈRE FAIT SCANDALE À LA COUR

MAI 1664

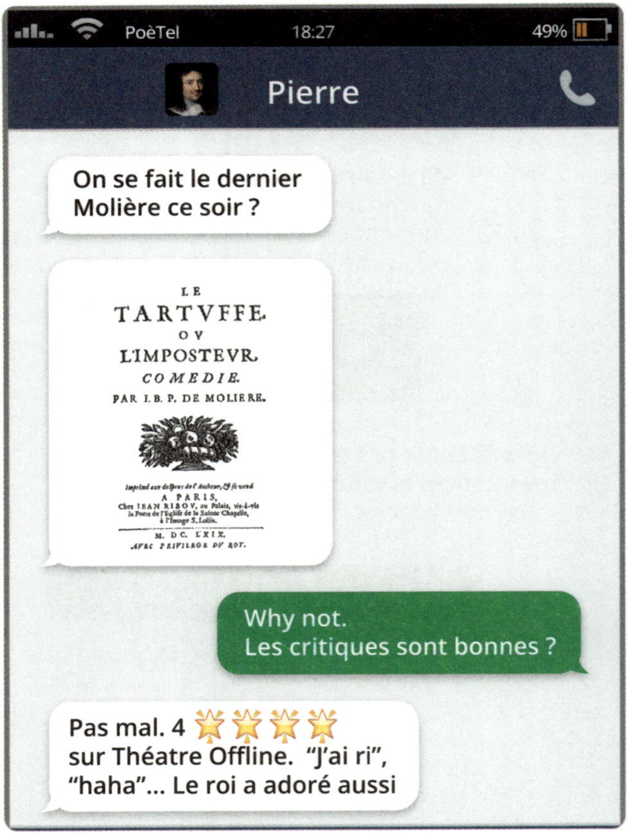

PoèTel
18:27
49%
Pierre
On se fait le dernier Molière ce soir ?
LE
TARTVFFE
OV
L'IMPOSTEVR
COMEDIE.
PAR I. B. P. DE MOLIERE.
A PARIS,
M. DC. LXIX.
Why not.
Les critiques sont bonnes ?
Pas mal. 4
sur Théatre Offline. "J'ai ri", "haha"… Le roi a adoré aussi

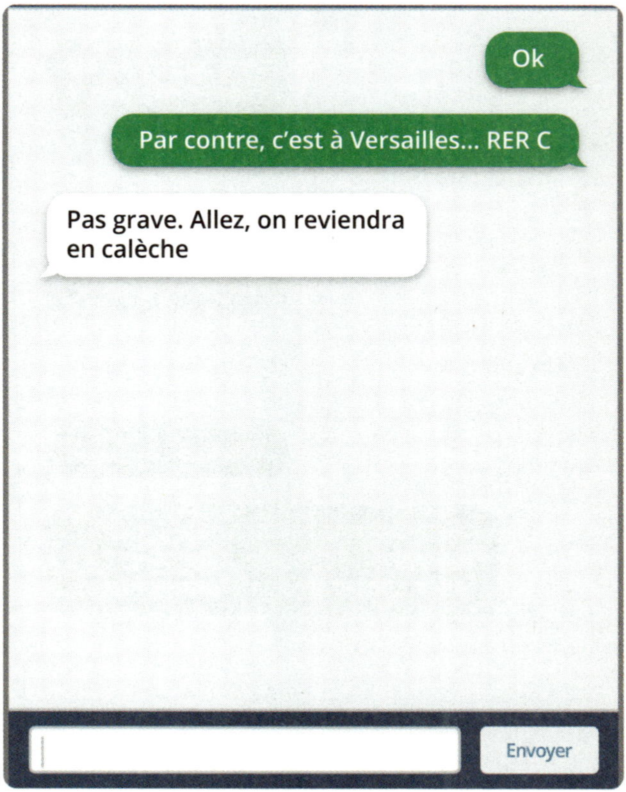
Ok
Par contre, c'est à Versailles… RER C
Pas grave. Allez, on reviendra en calèche
Envoyer

WOLFGANG AMADEUS MOZART ÉCRIT SA PREMIÈRE ŒUVRE À 6 ANS

1762

Austria Tel
09:57
48%
Wolfie
Bon anniversaire mon Wolfgang
Merci tata Bertha
Alors t'as eu quoi comme cadeau ?
Un clavecin
Ah c'est bien ça
C'est dur tu vas voir, mais si tu travailles tu pourras jouer des jolies choses d'ici quelques années

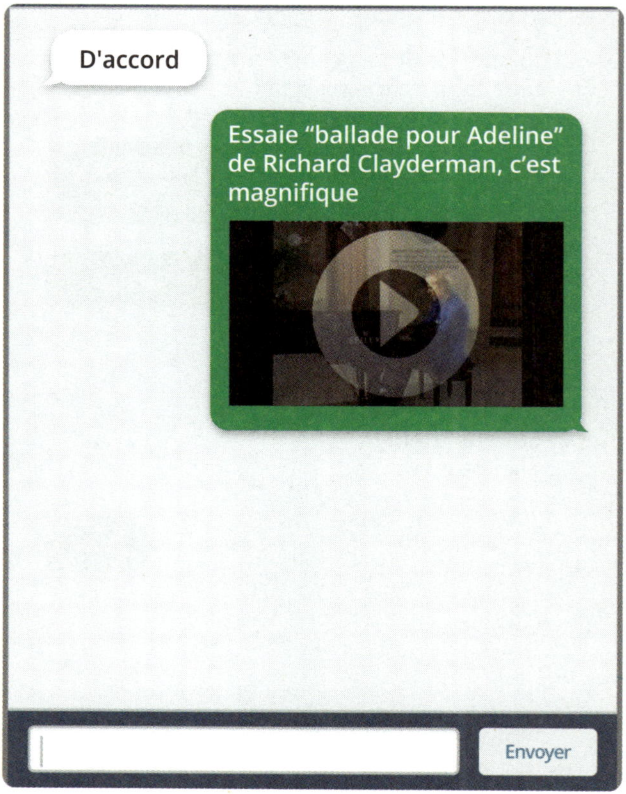
D'accord
Essaie “ballade pour Adeline” de Richard Clayderman, c’est magnifique
Envoyer

LA FRANCE ENVOIE LAFAYETTE SUR L'HERMIONE COMBATTRE AUX CÔTÉS DES AMÉRICAINS

MARS 1780

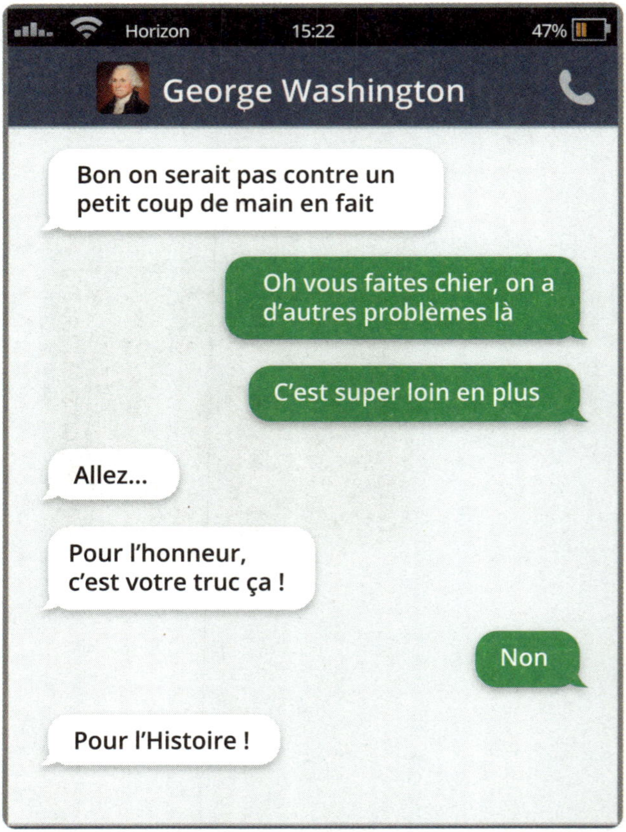
Horizon
15:22
47%
George Washington
Bon on serait pas contre un petit coup de main en fait
Oh vous faites chier, on a d'autres problèmes là
C'est super loin en plus
Allez...
Pour l'honneur, c'est votre truc ça !
Non
Pour l'Histoire !

Non
Alors pour faire chier les Anglais !
Ah ben là d'accord
Fallait le dire plus tôt 😄
Envoyer

LA FUITE DE LOUIS XVI POUR ÉCHAPPER AU PEUPLE

20 JUIN 1791

Régentel
16:24
46%
Louis XVI
Tu passes à la soirée ce soir Loulou ?
Nan je pars en WE de dernière minute au Luxembourg, sorry
La frontière rhénane même en juin, c'est pas terrible hein !
Ouais mais là c'est trop le bordel à Paris, c'est chaud...
Je le sens pas
J'essaie de passer quand même, je te tiens au jus
Envoyer

LOUIS XVI, 1ER ET SEUL ROI DE FRANCE GUILLOTINÉ

21 JANVIER 1793

Monarchcom
18:02
45%
loulou
Ça va chéri ?
Yep
Houlà c'est un petit oui ça
Nan, nan t'inquiète...
Tu peux me dire hein
Ça va je te dis, t'inquiète
Je te laisse, ça va couper
Louis ?
Envoyer

LA PRISE DE LA BASTILLE

14 JUILLET 1789

Révolutel
15:32
44%
Sans-Culotte
Rendez-vous place de la Bastille à 10 h pétantes, faites pas les cons
J'amène des armes ?
Ils vont pas nous laisser rentrer tranquilou c'est pas open bar le machin !!!
Du coup moi j'ai qu'une fourche
Bon... Viens avec des potes les révolutions, c'est mieux si on est plusieurs
Envoyer

PORTRAIT AVANT LE GRAND BAL DE PROMO

Révolutel
20:38
44%
Histogram
Its_good_2_B_the_queen
68 Favoris
Its_good_2_B_the_queen petit selfie rapidos avant le bal #TotalLook #Duckface

CAMPAGNE D'ÉGYPTE DE NAPOLÉON 1ER DANS DES CONDITIONS DANTESQUES

1798 À 1801

Empirecom
06:30
43%
Le nain
Soldats, songez que, du haut de ces pyramides, quarante siècles vous contemplent !
Super discours, vraiment
Mais là on a surtout SOIF et FAIM
La mort n'est rien, mais vivre vaincu et sans gloire, c'est mourir tous les jours
Baratin. ON VEUT DE LA FLOTTE. On n'en peut plus
Quand on veut on peut, quand on peut on doit
Donc c'est non pour les tickets resto j'imagine ?
Envoyer

CHERCHANT DU RÉSEAU PENDANT LA CAMPAGNE DE RUSSIE

EmpireCom
15:33
43%

NAPOLÉON 1ER SACRÉ EMPEREUR À NOTRE-DAME DE PARIS

2 DÉCEMBRE 1804

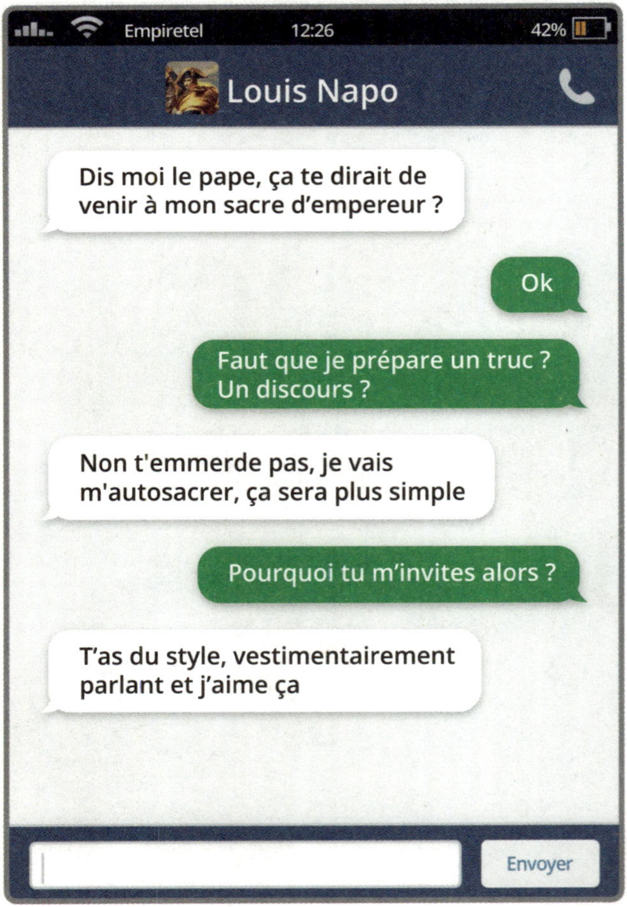
Empiretel
12:26
42%
Louis Napo
Dis moi le pape, ça te dirait de venir à mon sacre d'empereur ?
Ok
Faut que je prépare un truc ? Un discours ?
Non t'emmerde pas, je vais m'autosacrer, ça sera plus simple
Pourquoi tu m'invites alors ?
T'as du style, vestimentairement parlant et j'aime ça
Envoyer

NAPOLÉON ET L'HORREUR DE LA RETRAITE DE RUSSIE

HIVER 1812

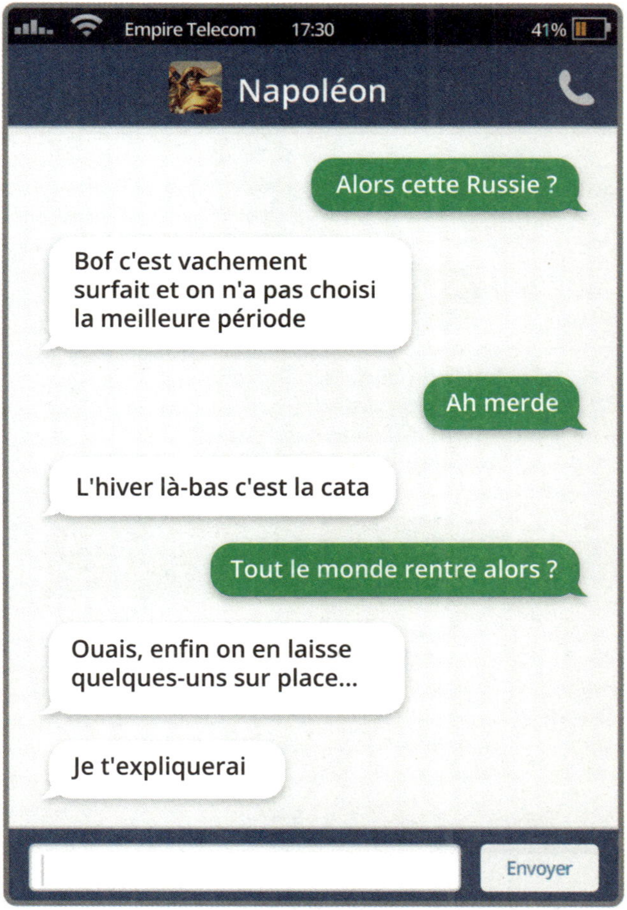

Empire Telecom
17:30
41%
Napoléon
Alors cette Russie ?
Bof c'est vachement surfait et on n'a pas choisi la meilleure période
Ah merde
L'hiver là-bas c'est la cata
Tout le monde rentre alors ?
Ouais, enfin on en laisse quelques-uns sur place...
Je t'expliquerai
Envoyer

NIÉPCE PREND SA 1RE PHOTO (MÊME SI C'EST UN PEU FLOU)

1826

Nouveautel
21:36
40%
Niépce
Dis donc, t'aurais pas une grande perche à me prêter ?
Ben ça dépend, c'est pour quoi ?
J'ai fini mon appareil photo là, j'voudrais me prendre en photo moi-même en le foutant au bout d'un bâton ou un truc
Pas con, mais ça va pas gêner les gens autour de toi ?
Envoyer

GRANDE FAMINE EN IRLANDE QUI FAIT 18 MILLIONS DE MORTS

ENTRE 1845 ET 1852

Odeux
14:07
39%
Mc Connelly
J'amène quoi à la soirée ?
À boire ça te va ?
À MANGER !
Ok je prends des chips
Prends-en plein
Envoyer

ABOLITION DE L'ESCLAVAGE DANS LES TERRITOIRES FRANÇAIS GRÂCE À SCHŒLCHER

27 AVRIL 1848

ColonieCom
14:21
38%
Michel
Barbecue chez toi ce soir ?
Nan désolé mais là il faudrait tout ranger nous-mêmes après
Tes esclaves se sont barrés aussi ? C'est relou hein
Ouais. Et sans faire la bouffe, ces bâtards...
Après tout ce qu'on leur a donné... Tu parles d'une reconnaissance
Envoyer

CHARLES BAUDELAIRE PUBLIE SON RECUEIL DE POÈMES "LES FLEURS DU MAL"

25 JUIN 1857

Spleentel
21:34
37%
Charlie
Et si on sortait ce soir et qu'on disait que c'était le Grand soir ?
Chaud pour un petit mètre de bières entre potes ?
"Plonger au fond du gouffre, Enfer ou Ciel, qu'importe ? Au fond de l'Inconnu pour trouver du nouveau !"
Ouais si tu veux... Ça veut dire que tu viens ou pas ?
"Sois sage, ô ma douleur, et tiens-toi plus tranquille !"
Et ben je vois qu'on va se marrer...
Envoyer

CRÉATION DU KU KLUX KLAN PAR 6 JEUNES OFFICIERS SUDISTES DANS LE TENNESSEE

25 DÉCEMBRE 1865

Racistel
18:12
36%
J. Calvin Jones
Pour l'uniforme qu'on a dit, j'avais pensé à ça
C'est pas discret mais on nous reconnaît pas

Mouais t'as pas mieux ?

Y'a ça

Hyper salissant non ?

Ouais mais on va pas prendre un uniforme NOIR hein. Rapport au fait...

Envoyer

ALEXANDER GRAHAM BELL INVENTE LE PREMIER TÉLÉPHONE

10 MARS 1876

Noréseau
08:06
35%
Sans Nom
Allo ?
Allo ?
Allo... ?
Bon...
Envoyer

LA FRANCE OFFRE LA STATUE DE LA LIBERTÉ AUX USA POUR CÉLÉBRER L'AMITIÉ ENTRE LES 2 PAYS

JUIN 1885

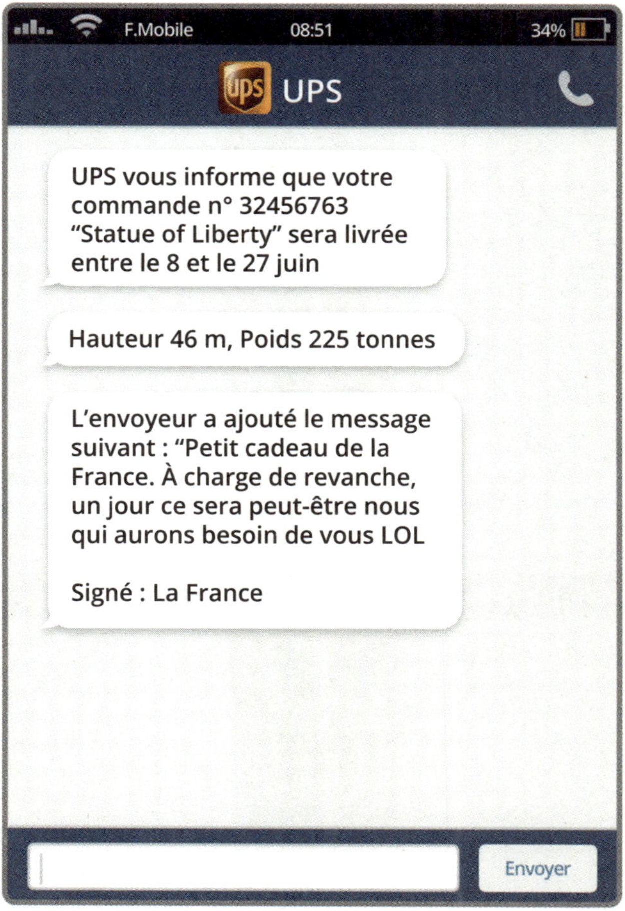
F.Mobile
08:51
34%
UPS
UPS vous informe que votre commande n° 32456763 "Statue of Liberty" sera livrée entre le 8 et le 27 juin
Hauteur 46 m, Poids 225 tonnes
L'envoyeur a ajouté le message suivant : "Petit cadeau de la France. À charge de revanche, un jour ce sera peut-être nous qui aurons besoin de vous LOL
Signé : La France
Envoyer

CADEAU SURPRISE POUR LES USA !

F-Mobile
18:23
33%
7
Surprise ! Qu'est-ce que c'est ? 😜 😄

DÉCOUVERTE DU VACCIN CONTRE LA RAGE PAR PASTEUR

ÉTÉ 1885

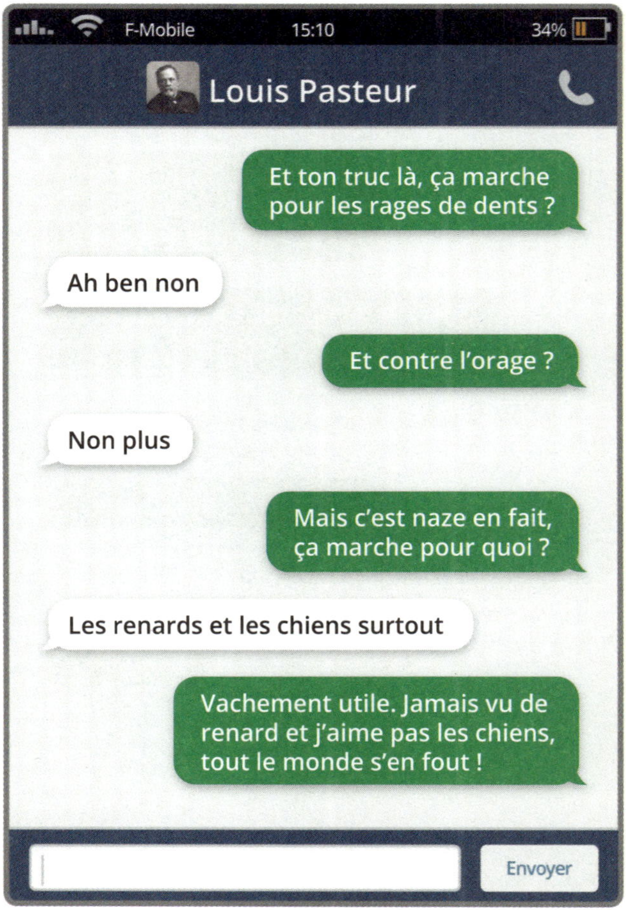
F-Mobile
15:10
34%
Louis Pasteur
Et ton truc là, ça marche pour les rages de dents ?
Ah ben non
Et contre l'orage ?
Non plus
Mais c'est naze en fait, ça marche pour quoi ?
Les renards et les chiens surtout
Vachement utile. Jamais vu de renard et j'aime pas les chiens, tout le monde s'en fout !
Envoyer

CONSTRUCTION DE LA TOUR EIFFEL POUR L'EXPO UNIVERSELLE

JANVIER 1887

France Teletel
10:22
32%
Gustave Eiffel
Dis moi Gustave, j'ai vu les plans de ta tour là, c'est un peu grand non ?
On avait dit un truc « magnifique » mais « léger et discret »
Ouais je me suis un peu lâché 😊
Ça fait combien de haut ?
300 mètres pour le moment
Ah ouais...
Peut-être un peu plus si j'ai des boulons en rab

On en a commandé en trop

Ok mais mollo. De toute façon on démonte tout dans un an

On a pensé à un truc pour le merchandising :

Pas con !

Envoyer

LES FRÈRES LUMIÈRE "INVENTENT" LE CINÉMATOGRAPHE

DÉCEMBRE 1895

Ciotel
21:02
33%
loulou ze light
L'arrivée d'un train à La Ciotat
Bon là c'est le début hein !!! Mais faut imaginer la même chose avec des paroles
Cool. Et on pourra aussi faire des films avec du karaté ? Ou du kung-fu ?
Carrément
Ça va cartonner. On tient un truc là. Faudrait qu'on fasse payer l'entrée dans des grandes salles
Envoyer

ÉMILE ZOLA PREND POSITION DANS L'AFFAIRE DREYFUS

13 JANVIER 1898

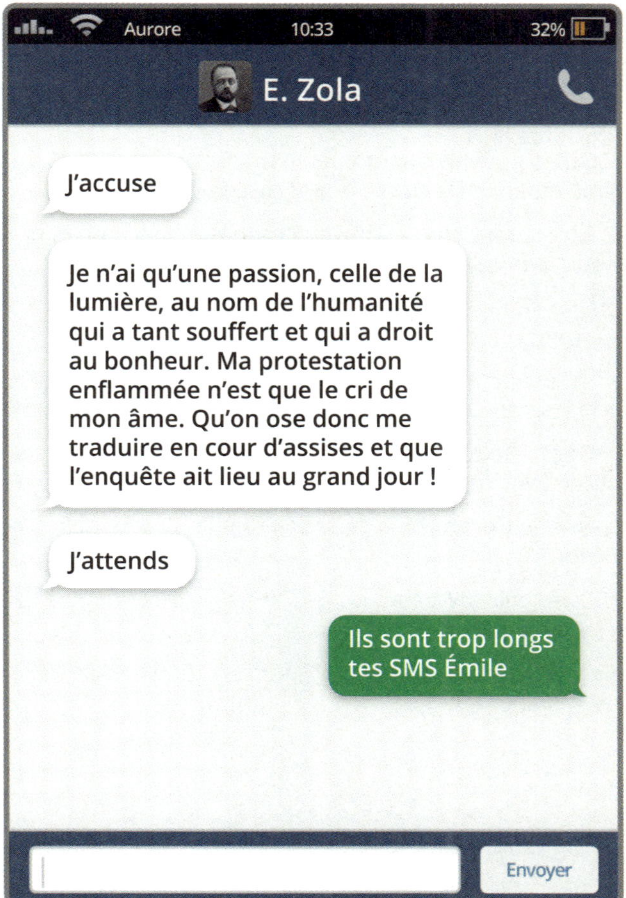
Aurore
10:33
32%
E. Zola
J'accuse
Je n'ai qu'une passion, celle de la lumière, au nom de l'humanité qui a tant souffert et qui a droit au bonheur. Ma protestation enflammée n'est que le cri de mon âme. Qu'on ose donc me traduire en cour d'assises et que l'enquête ait lieu au grand jour !
J'attends
Ils sont trop longs tes SMS Émile
Envoyer

TOP 10 DES CHOSES INSOLITES À RETENIR DE CETTE PÉRIODE DE LA RENAISSANCE AU XIXE

1. Que Napoléon n'était pas si petit (1,68 m), soit la taille moyenne d'une bonne paire de skis.

2. Que 1515, c'est Marignan. Placer cette date, c'est la base pour faire croire qu'on sait quelque chose, même si personne ne sait de quelle victoire il s'agit.

3. Qu'on pouvait traiter quelqu'un de "gourgandine", ce qui est autrement plus classe que "grosse pute".

4. Qu'on a peut-être trouvé l'Amérique, mais qu'on ne sait toujours pas où est la 2e chaussette orpheline.

5. Que Voltaire était en fait un mec "pas si bien que ça, faut pas croire" selon sa boulangère.

6. Que les châteaux de la Renaissance étaient autrement plus classe que ceux du Moyen Âge, merci Stéphane Plaza.

7. Que c'était presque impossible de choper une bonne auberge avec une connexion Wifi correcte.

8. Que les premières caisses étaient plus lentes qu'une calèche.

9. Que Louis XIV c'était un peu le Kanye West du XVIIe siècle (oui faut imaginer).

10. Que c'était cool d'être roi jusqu'en 1789 en France, mais après globalement bof.

LES XX-XXIE SIÈCLES

C'EST LE PROGRÈS IL PARAÎT…

1 500 MORTS DANS LE NAUFRAGE DU TITANIC

14 AVRIL 1912

Altertel
05:03
31%
Jack
Elle est comment ?
Froide
Froide-froide ?
Ben… faut y aller d'un coup, après ça va
Je prends un bonnet de bain ?
Prends un bonnet tout court
Envoyer

SELHISTORIQUE

LE TITANIC APPROCHE DE NEW YORK. OU PAS.

Altertel
21:22
31%
Histogram
jACK
2k Favoris
jACK à moi New Yooooork !!! #GrossePomme
#CroisièreDeOuf

DÉCLARATION DE LA 1RE GUERRE MONDIALE

2 AOÛT 1914

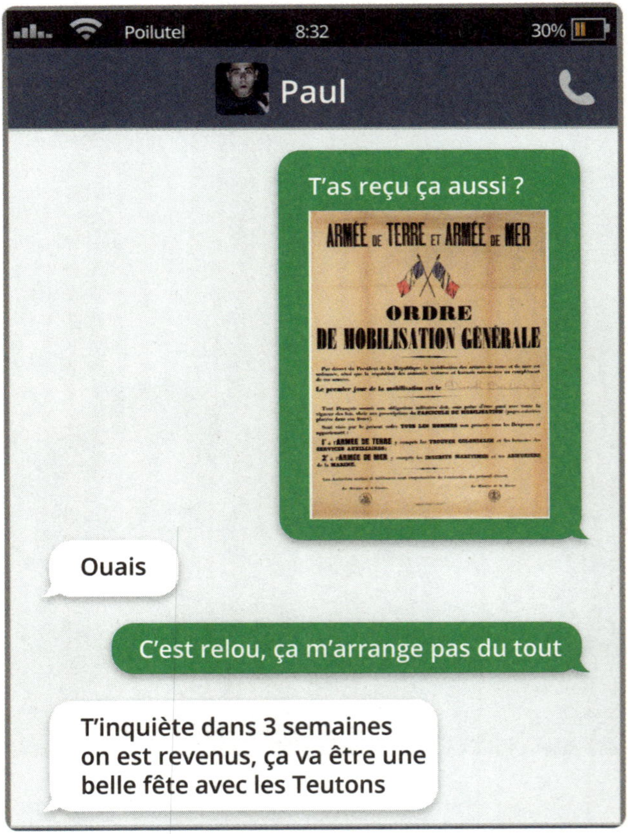
Poilutel
8:32
30%
Paul
T'as reçu ça aussi ?
ARMÉE DE TERRE ET ARMÉE DE MER
ORDRE
DE MOBILISATION GÉNÉRALE
Ouais
C'est relou, ça m'arrange pas du tout
T'inquiète dans 3 semaines
on est revenus, ça va être une
belle fête avec les Teutons

T'y vas comment ?
Je sais même pas où c'est
Google est ton ami.
On se rejoint à la gare
Ok. Ad tal
Envoyer

RÉQUISITION DES TAXIS DE LA MARNE POUR EMMENER LES POILUS AU FRONT

6 ET 7 SEPTEMBRE 1914

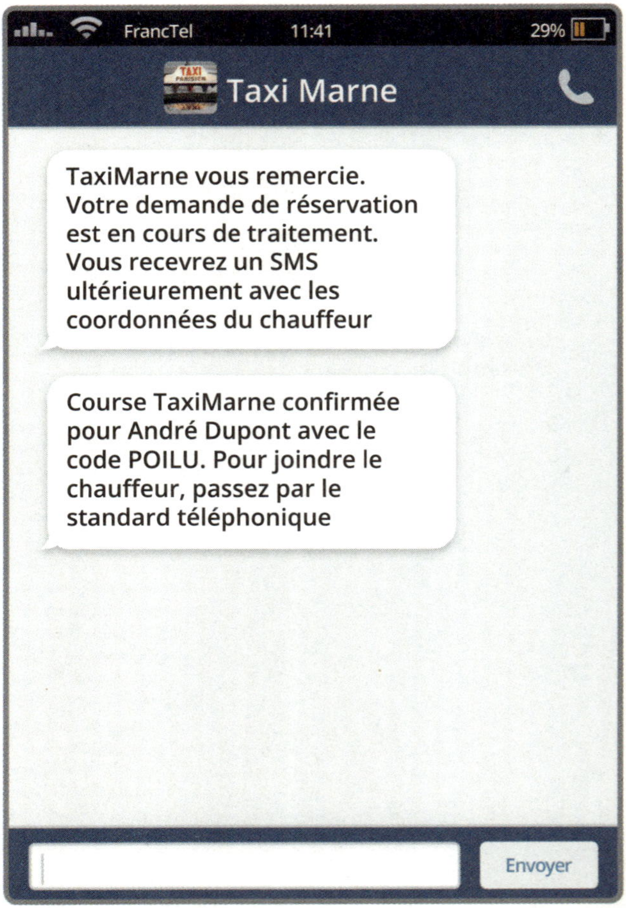
FrancTel
11:41
29%
Taxi Marne
TaxiMarne vous remercie. Votre demande de réservation est en cours de traitement. Vous recevrez un SMS ultérieurement avec les coordonnées du chauffeur
Course TaxiMarne confirmée pour André Dupont avec le code POILU. Pour joindre le chauffeur, passez par le standard téléphonique
Envoyer

LUNDI NOIR AUX USA QUI MARQUE LE DÉBUT DE LA GRANDE CRISE DE 29

(29 OCTOBRE 1929)

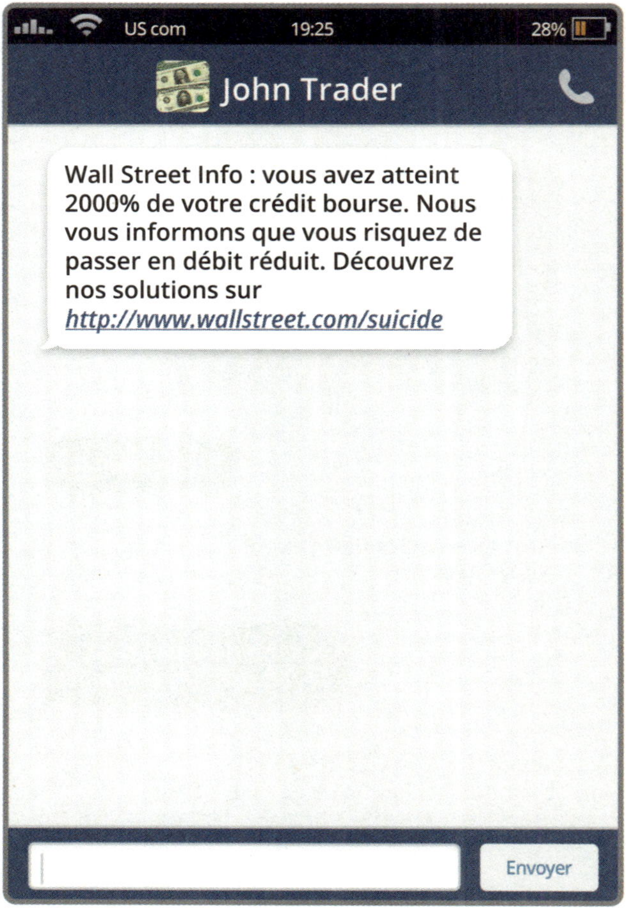
US com
19:25
28%
John Trader
Wall Street Info : vous avez atteint 2000% de votre crédit bourse. Nous vous informons que vous risquez de passer en débit réduit. Découvrez nos solutions sur http://www.wallstreet.com/suicide
Envoyer

CRÉATION DE ZOOS HUMAINS POUR L'EXPOSITION COLONIALE DE PARIS

6 MAI - 15 NOVEMBRE 1931

NotFree
16:14
27%
Jeannine
Trop chou !!
Faut que t'ailles voir l'expo.
GÉ-NI-ALE
Ça donne envie d'en
avoir un chez soi hein
Ouais mais en appart à Paris,
c'est galère. Faut que ça vive dehors
Envoyer

MARIE CURIE, 1RE FEMME PRIX NOBEL DE PHYSIQUE, MEURT D'UNE LEUCÉMIE

4 JUILLET 1934

Radiatel
19:56
26%
Marie chérie
Tu rentres bientôt ? J'ai la dalle
Je finis une radiation et je pars du labo
Va pas te tuer au travail :-)
T'es con ! Mais je t'aime, mon pierrot
Envoyer

LE FRONT POPULAIRE MET EN PLACE LES CONGÉS PAYÉS

ETÉ 1936

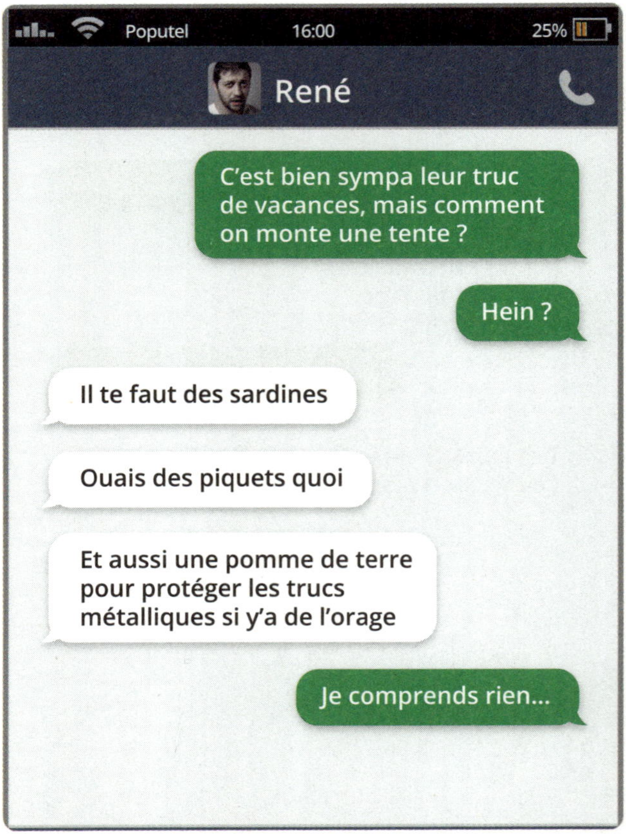
Poputel
16:00
25%
René
C'est bien sympa leur truc de vacances, mais comment on monte une tente ?
Hein ?
Il te faut des sardines
Ouais des piquets quoi
Et aussi une pomme de terre pour protéger les trucs métalliques si y'a de l'orage
Je comprends rien...

C'est compliqué les congés payés putain
Ben retourne à l'usine alors MDR
T'es con
Envoyer

HITLER ANNEXE L'AUTRICHE

12 MARS 1938

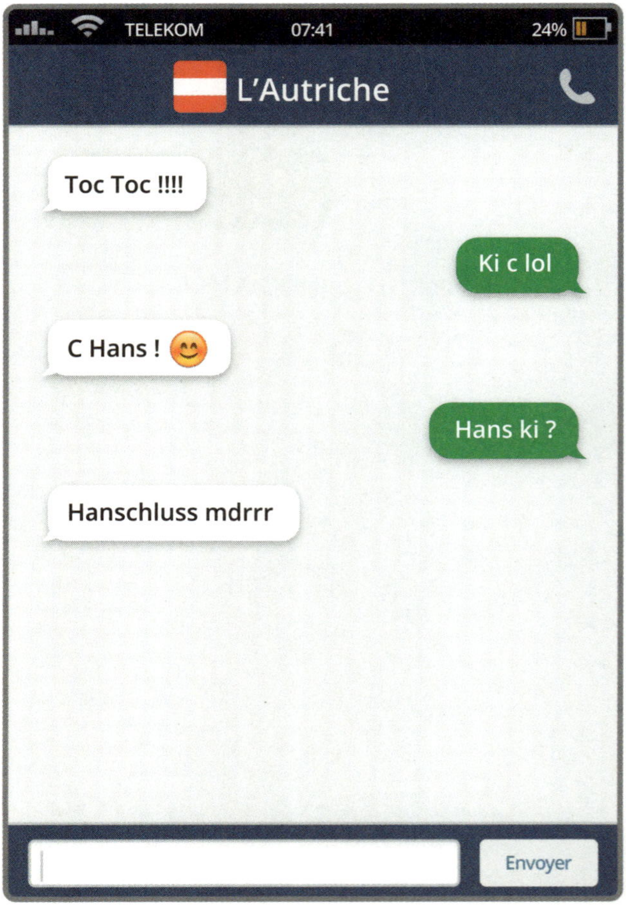
TELEKOM
07:41
24%
L'Autriche
Toc Toc !!!!
Ki c lol
C Hans !
Hans ki ?
Hanschluss mdrrr
Envoyer

LES JOURS HEUREUX DU FÜHRER EN NORMANDIE (PARTIE 1)

TELEKOM
18:23
24%
Histogram
Hitler_lolcat
10,2k Favoris
Hitler_lolcat mon chat il veut partir à la gaire XD
#Sunset

LA CAPITULATION DE LA FRANCE EN 1940 APRÈS LA DÉBÂCLE

22 JUIN 1940

LiberTel
13:57
24%
Charlie De Gaulle
Yo Pétain je suis à Londres là… C'est quoi cette histoire de capitulation ???
Hey Charlie ! T'inquiète pas, je gère
T'es con ou quoi ?
LOL. Je te laisse, j'ai un appel en allemand
Bises à Yvonne
Envoyer

LES ALLIÉS AU COURANT DES CAMPS DE CONCENTRATION N'INTERVIENNENT PAS

FÉVRIER 1942

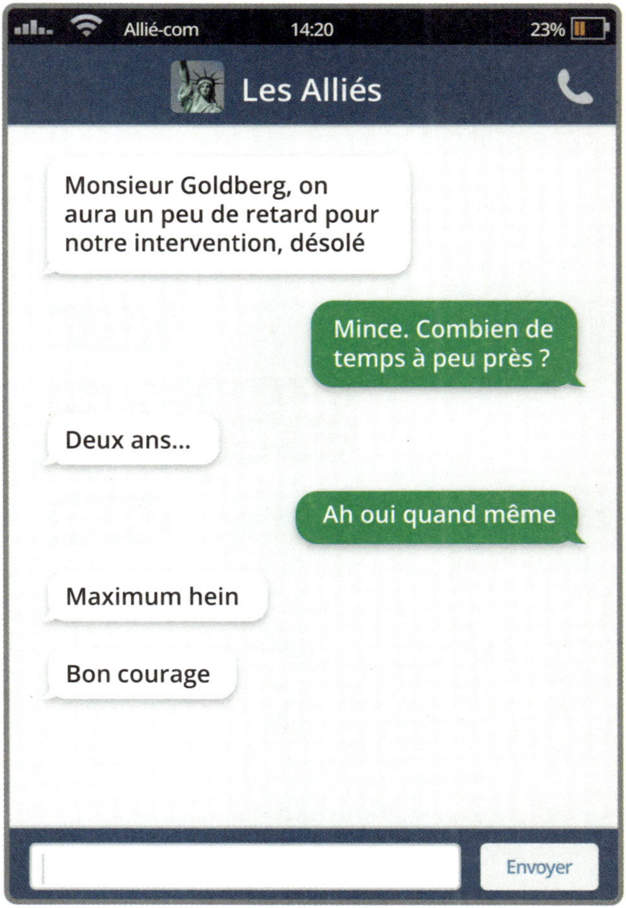

Allié-com
14:20
23%
Les Alliés
Monsieur Goldberg, on aura un peu de retard pour notre intervention, désolé
Mince. Combien de temps à peu près ?
Deux ans...
Ah oui quand même
Maximum hein
Bon courage
Envoyer

HITLER DORT PENDANT LE DÉBARQUEMENT

6 JUIN 1944

Frei
21:06
22%
Adolf H.
À priori cette fois c'est bon, les Ricains et les Anglais débarquent vraiment...
T'es là ?
Franchement ça serait bien que tu répondes
Adolf ?
Envoyer

LES JOURS HEUREUX DU FÜHRER EN NORMANDIE (PARTIE 2)

Frei
20:56
22%
Histogram
Hitler_lolcat
2,3k Favoris
Hitler_lolcat javé besoin de vacances

CHARLES DE GAULLE COMMENTE LA LIBÉRATION DE PARIS

25 AOÛT 1944

FFI Tel
13:54
22%
Charlie2G
Paris !
Paris outragé !
Paris brisé !
Paris martyrisé !
Mais Paris libéré !!!!
On est tous contents Charlie, mais t'es obligé de mettre des points d'exclamation partout ?
Envoyer

DÉFILÉ SUR LES CHAMPS-ÉLYSÉES POUR LA LIBÉRATION DE PARIS

26 AOÛT 1944

France Tél
22:46
21%
Pierre
C'est la folie sur les Champs !
Charlie Président !
Charlie Président !
Tu nous rejoins ? On est juste à côté du grand tank
Ok. Je tonds ma voisine et j'arrive
Envoyer

LES GRANDS DE CE MONDE SE PARTAGENT L'EUROPE À LA CONFÉRENCE DE YALTA

4 AU 11 FÉVRIER 1945

Yalcom
12:54
20%
Staline et Roosevelt
Bon et qui prend la Pologne ?
Moi !
Et l'Allemagne de l'Est ?
Moi !
Enfin tout l'est de l'Europe en fait
Ça va tranquille Joseph !
Et on laisse un truc à la France ?

Nan
Nan
Moi je vous laisse Berlin 😊 Enfin un bout
Ah ben super.
Nan mais sérieux ?
Je crois qu'il déconne pas là...
On se voit pour en parler ?
Envoyer

BOSS MEETING

Yaltel
7:52
20%
Churchill-perso-fr
Moustache
2Gaulleest_ungrosnaze
C'est quoi le code Wifi ?
T'es con !
Source : LoveRussia
1 note Roosevelt

LES FEMMES OBTIENNENT FINALEMENT LE DROIT DE VOTE EN FRANCE

29 AVRIL 1945

Alertel
21:16
20%
Émile
Et si on leur donnait le droit de vote ?
À qui ?
Ben aux femmes
Ha ha😊. Vas-y mollo sur l'apéro le midi quand même
T'es con putain
Ouais t'as raison...
Envoyer

HITLER SE SUICIDE DANS SON BUNKER À BERLIN

30 AVRIL 1945

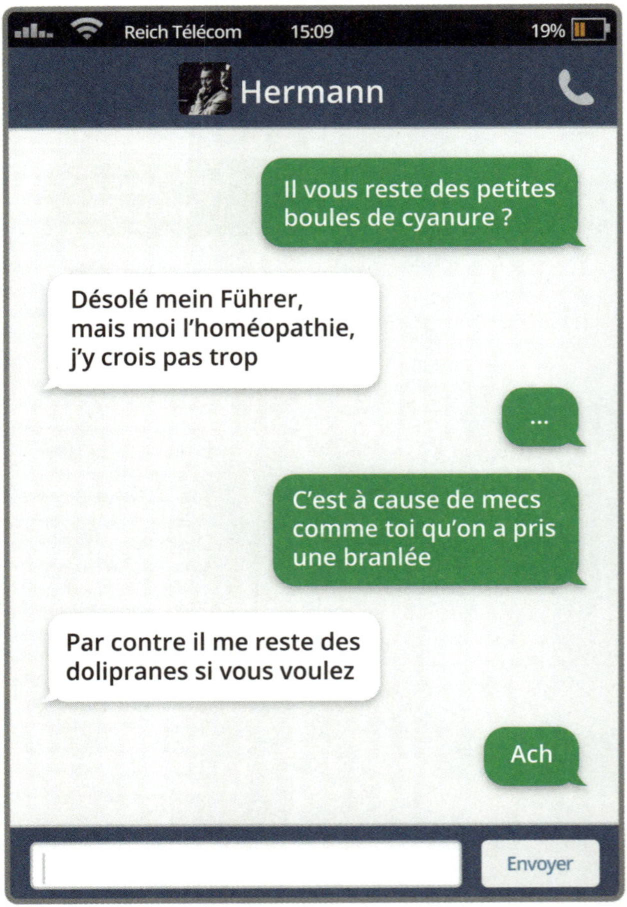
Reich Télécom
15:09
19%
Hermann
Il vous reste des petites boules de cyanure ?
Désolé mein Führer, mais moi l'homéopathie, j'y crois pas trop
...
C'est à cause de mecs comme toi qu'on a pris une branlée
Par contre il me reste des dolipranes si vous voulez
Ach
Envoyer

CRÉATION D'UN ÉTAT JUIF QUI DEVIENDRA L'ÉTAT D'ISRAËL

NOVEMBRE 1947

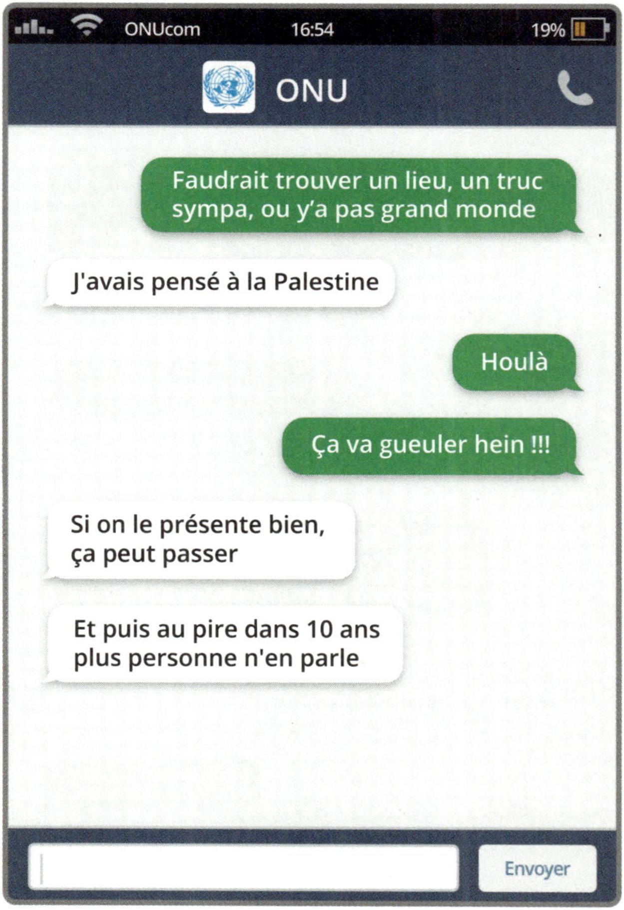

ONUcom
16:54
19%
ONU
Faudrait trouver un lieu, un truc sympa, ou y'a pas grand monde
J'avais pensé à la Palestine
Houlà
Ça va gueuler hein !!!
Si on le présente bien, ça peut passer
Et puis au pire dans 10 ans plus personne n'en parle
Envoyer

CRÉATION DU PLAN MARSHALL POUR AIDER L'EUROPE APRÈS LA 2DE GUERRE MONDIALE

5 JUIN 1947

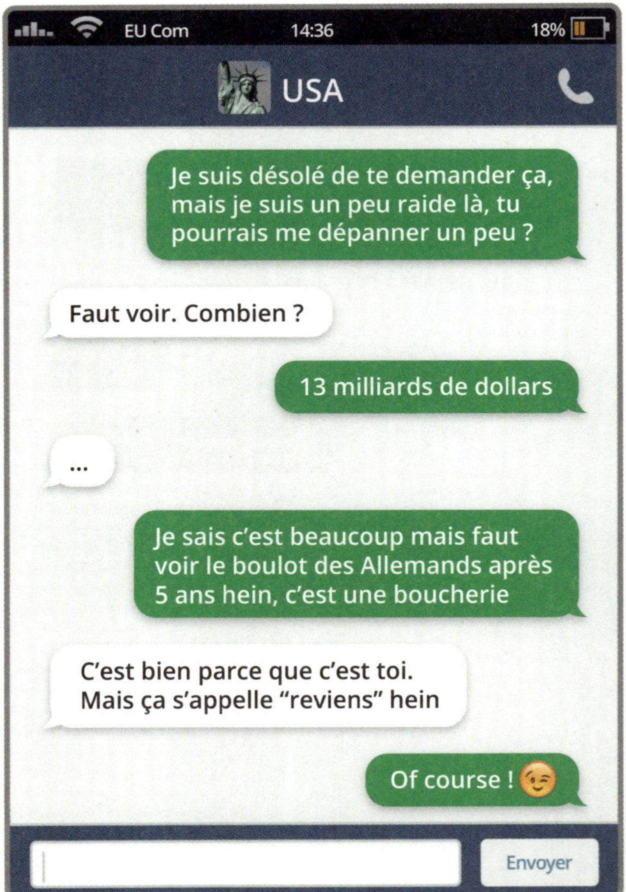
EU Com
14:36
18%
USA
Je suis désolé de te demander ça, mais je suis un peu raide là, tu pourrais me dépanner un peu ?
Faut voir. Combien ?
13 milliards de dollars
...
Je sais c'est beaucoup mais faut voir le boulot des Allemands après 5 ans hein, c'est une boucherie
C'est bien parce que c'est toi. Mais ça s'appelle "reviens" hein
Of course !
Envoyer

APPEL DE L'ABBÉ PIERRE POUR MOBILISER LA FRANCE POUR LES PLUS DÉMUNIS

(HIVER 1954)

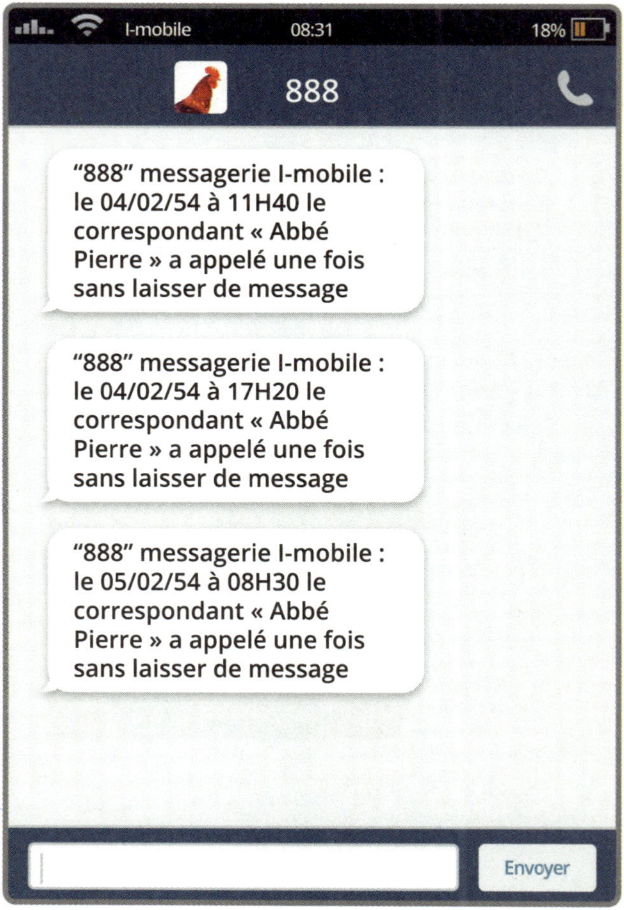
I-mobile
08:31
18%
888
"888" messagerie I-mobile : le 04/02/54 à 11H40 le correspondant « Abbé Pierre » a appelé une fois sans laisser de message
"888" messagerie I-mobile : le 04/02/54 à 17H20 le correspondant « Abbé Pierre » a appelé une fois sans laisser de message
"888" messagerie I-mobile : le 05/02/54 à 08H30 le correspondant « Abbé Pierre » a appelé une fois sans laisser de message
Envoyer

INVENTION DE LA TÉLÉCOMMANDE POUR TÉLÉVISEUR PAR ROBERT ADLER

UN JOUR DE 1956

A&T&T
15:14
17%
Robert
Arrêtez-tout ! Je viens de penser à un truc génial mon gars : la télécommande !
Une boîte où t'appuies sur un bouton et ça change de chaîne tout seul
Et tu demanderais plus à ta femme de se lever alors ?
Nan
Et bé... C'est con qu'il y ait que deux chaînes !!!
T'es pisse-froid John...
Envoyer

DISCOURS AMBIGU DE CHARLES DE GAULLE À ALGER

4 JUIN 1958

Algecom
16:18
16%
C2G
Et on fait quoi pour l'indépendance ?
Je vous ai compris
Super. Ça veut dire quoi ?
Je sais pas encore trop. Vous voulez quoi au fond ?
L'INDÉPENDANCE
Ah...
Je vous rappelle
Envoyer

LE “GRAND BOND EN AVANT” DE MAO FAIT ENTRE 30 ET 50 MILLIONS DE MORTS EN CHINE

ENTRE 1958 ET 1962

ChinaCom
7:52
15%
Mao Zedong
Bon ça marche pas trop ton truc là Mao
Ça va décoller, faut juste un peu de temps.
Y'a déjà 20 millions de morts là, faut réagir...
Sinon j'ai aussi “la révolution culturelle” dans les cartons
Et ça consiste en quoi ?
Bah tuer des gens, mais différemment
Rien d'autre ?

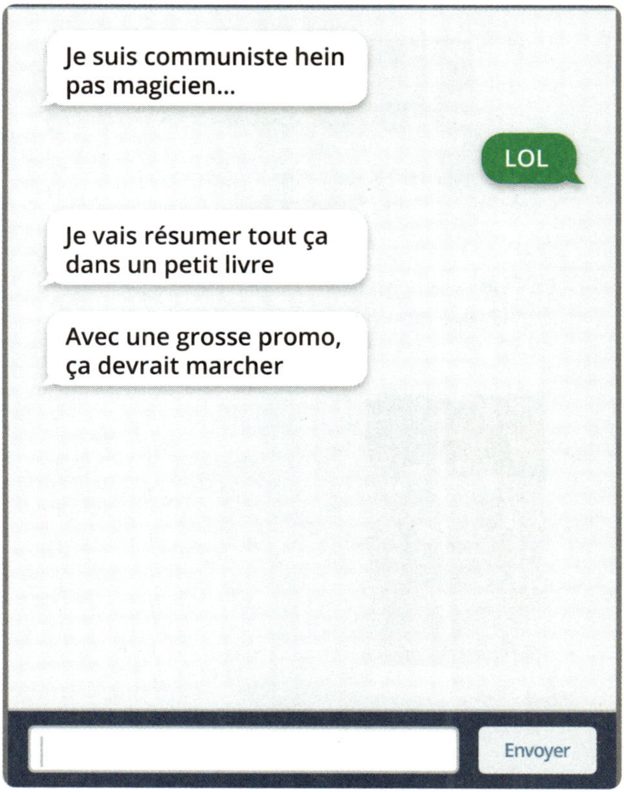
Je suis communiste hein pas magicien...
LOL
Je vais résumer tout ça dans un petit livre
Avec une grosse promo, ça devrait marcher
Envoyer

CONSTRUCTION DU MUR DE BERLIN

AOUT 1961

Rouge 18:47 15%

Hans

Je suis perdu là, je reconnais pas, c'est quoi ton adresse exacte ?

Ouais apparemment c'est un peu galère pour venir depuis hier

En fait je suis juste derrière le nouveau mur

Ah ouais quand même...

Bon rien à foutre je passe par dessus

Nan je te le conseille pas

Pas du tout

Helmut ?

Envoyer

ASSASSINAT DE JOHN FITZGERALD KENNEDY (PUIS DE SON MEURTRIER LEE OSWALD)

22 NOVEMBRE 1963

Mob-il
19:56
15%
Jack Ruby
C'est bon tout est réglé, ce con de Kennedy visite Dallas en décapotable
MDR. Trop fort ! Et le coup du tireur isolé ça va le faire ?
Ça marche toujours, faut juste prendre le bon mec
Et s'il parle ?
Ça m'étonnerait
Compris
Efface ce message hein
Envoyer

NEIL ARMSTRONG EST LE PREMIER HOMME À MARCHER SUR LA LUNE

21 JUILLET 1966

Moontel
05:14
14%
Neil
Pépère les vacances !
Sympa !
Mais tu peux pas envoyer ça, les gens attendent autre chose
C'est un grand pas pour l'humanité tu sais
Ouais t'as raison chérie. C'est bien ton idée, je te la pique
Envoyer

LES ÉTUDIANTS LANCENT LA RÉVOLTE DE MAI 68 À PARIS

3 MAI 1968

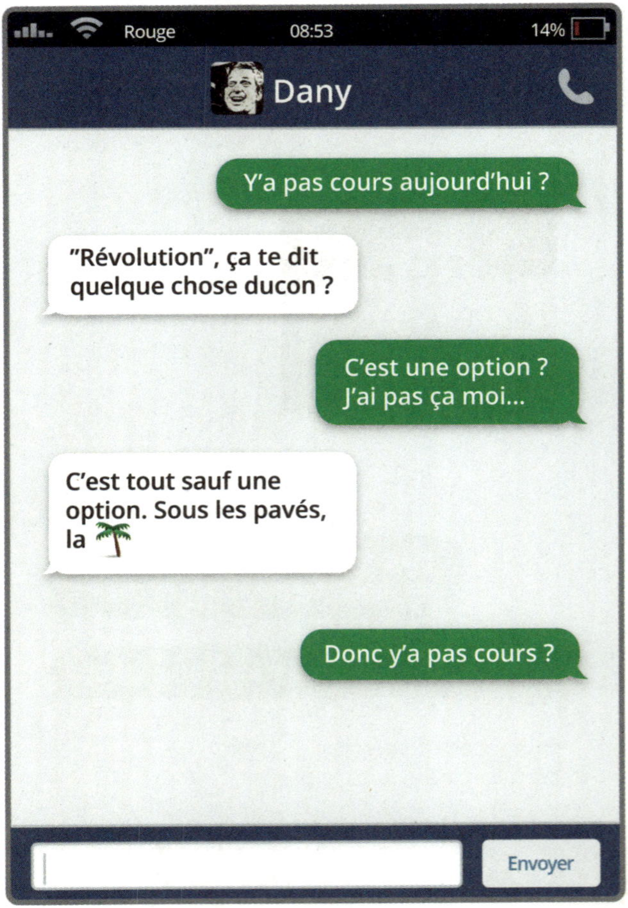
Rouge
08:53
14%
Dany
Y'a pas cours aujourd'hui ?
"Révolution", ça te dit quelque chose ducon ?
C'est une option ? J'ai pas ça moi...
C'est tout sauf une option. Sous les pavés, la
Donc y'a pas cours ?
Envoyer

ACCIDENT DE LA NAVETTE APOLLO 13 PENDANT SA CONQUÊTE DE LA LUNE

14 AVRIL 1970

Nasa
20:01
13%
Apollo 13
13h30
Houston, on a un problème...
14h45
Désolé je viens d'avoir ton message, j'étais parti bouffer
Alors c'est quoi le problème ?
Apollo ?
Apollo ?
Envoyer

PREMIER GRAND CHOC PÉTROLIER DANS LE MONDE

(1971-1978)

France Tel
08:47
13%
Giscard d'Estaing
Faut qu'on dise un truc là Valéry, c'est la merde
Ouais mais je suis pas magicien, j'ai pas de pétrole moi
Mais t'as pas une idée ?
Attends... Si
Ah ben non
T'es un génie ! "On n'a pas de pétrole, mais on a des idées", c'est bon non ?
Je valide
Envoyer

ÉLECTION DE FRANÇOIS MITTERRAND

10 MAI 1981

Rose
17:01
12%
Kermit
T'as vu sur Twitter ils disent que t'as gagné !
Nan ! Mais il est que 17h00 !
C'est sûr ?
Y'a déjà plein de gens avec des roses à Bastille
À la télé aucune des 3 chaînes n'en parle en tout cas
Envoyer

FRANÇOIS MITTERRAND ABOLIT LA PEINE DE MORT

9 OCTOBRE 1981

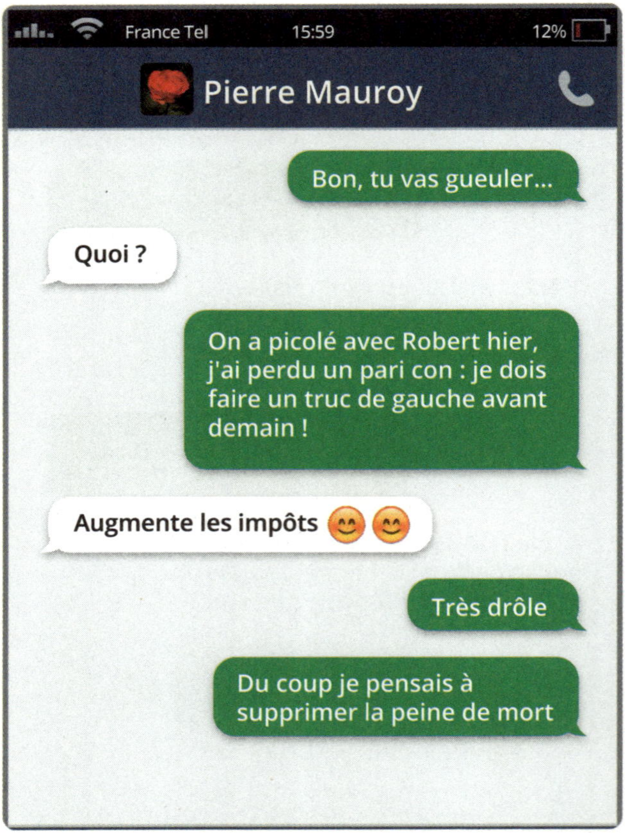
France Tel
15:59
12%
Pierre Mauroy
Bon, tu vas gueuler...
Quoi ?
On a picolé avec Robert hier, j'ai perdu un pari con : je dois faire un truc de gauche avant demain !
Augmente les impôts
Très drôle
Du coup je pensais à supprimer la peine de mort

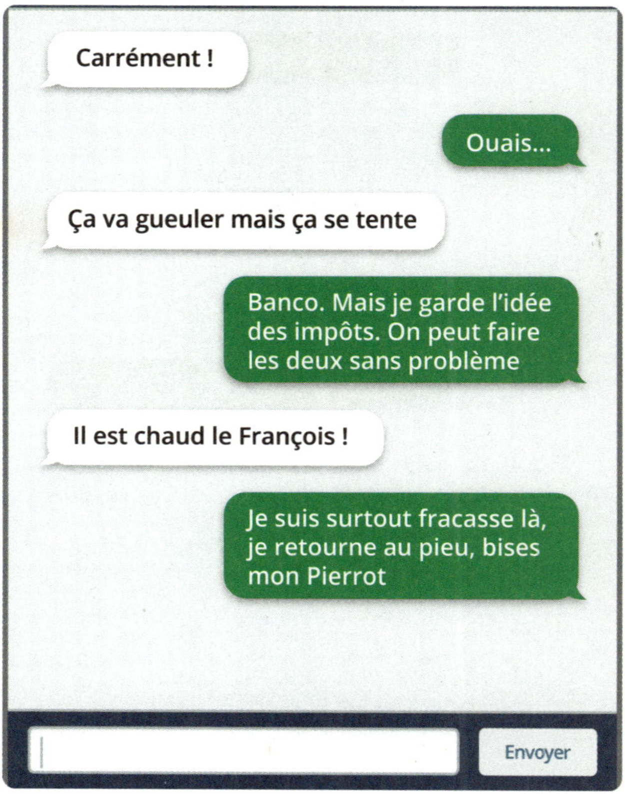
Carrément !
Ouais…
Ça va gueuler mais ça se tente
Banco. Mais je garde l'idée des impôts. On peut faire les deux sans problème
Il est chaud le François !
Je suis surtout fracasse là, je retourne au pieu, bises mon Pierrot
Envoyer

DÉCOUVERTE DU TERRIBLE VIRUS DU SIDA (TRANSMIS PAR LES GRANDS SINGES)

1981

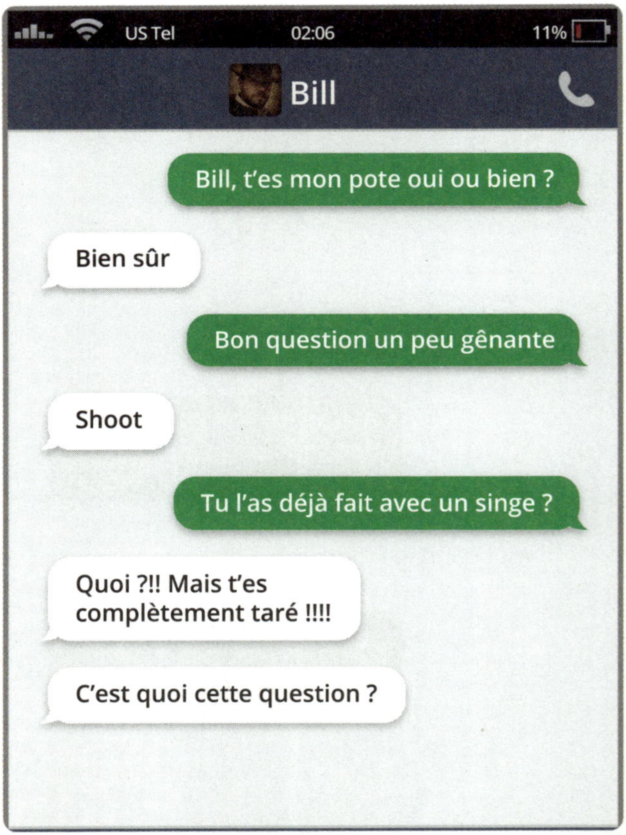
US Tel
02:06
11%
Bill
Bill, t'es mon pote oui ou bien ?
Bien sûr
Bon question un peu gênante
Shoot
Tu l'as déjà fait avec un singe ?
Quoi ?!! Mais t'es complètement taré !!!!
C'est quoi cette question ?

Mais nan c'est rien, ça me passait juste par la tête

T'as de ces trucs qui te passent par la tête

😊

T'imagines le taré qui voudrait faire ça !

Ouais…

Sans compter toutes les saloperies qu'il choperait

Ouais…

Envoyer

ACCIDENT DE TCHERNOBYL

26 AVRIL 1986

Tchermobil
16:23
11%
Nikolaï
Nikolaï, pousse un peu le réacteur en salle 4 histoire qu'on bouge plus tôt ce soir
Ok. Je mets sur combien ?
Sur 10 ! lol
Ok
... Mec je déconne
Ah
T'es là ?
Envoyer

CRÉATION DU PREMIER SITE WEB PAR LE CERN

30 AVRIL 1993

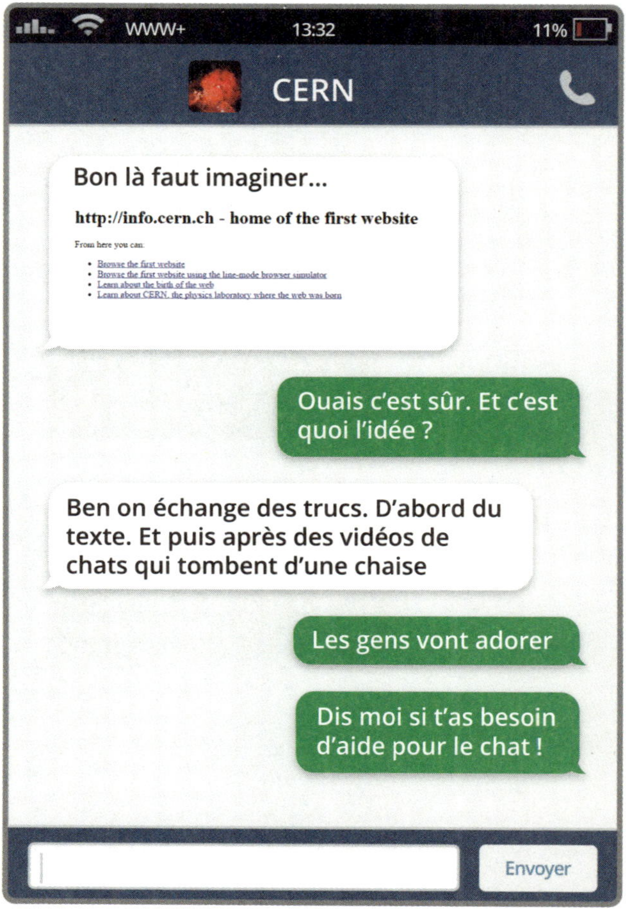

WWW+
13:32
11%
CERN
Bon là faut imaginer…
http://info.cern.ch - home of the first website
From here you can:
Browse the first website
Browse the first website using the line-mode browser simulator
Learn about the birth of the web
Learn about CERN, the physics laboratory where the web was born
Ouais c'est sûr. Et c'est quoi l'idée ?
Ben on échange des trucs. D'abord du texte. Et puis après des vidéos de chats qui tombent d'une chaise
Les gens vont adorer
Dis moi si t'as besoin d'aide pour le chat !
Envoyer

LIAISON DE BILL CLINTON AVEC SA STAGIAIRE MONICA LEWINSKY

MARS 1997

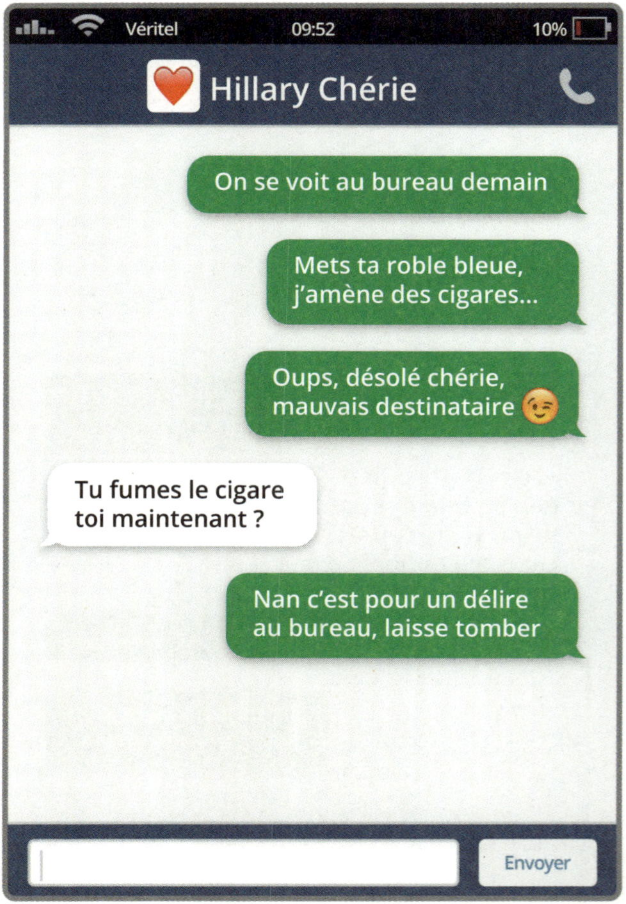
Véritel
09:52
10%
Hillary Chérie
On se voit au bureau demain
Mets ta roble bleue, j'amène des cigares...
Oups, désolé chérie, mauvais destinataire
Tu fumes le cigare toi maintenant ?
Nan c'est pour un délire au bureau, laisse tomber
Envoyer

LA FRANCE EST CHAMPIONNE DU MONDE DE FOOT

12 JUILLET 1998

France Tel
23:52
10%
David
La lala la la ?
Lalalalalala
Lala la la
Lalalalalala
Lalalalalalalalalala
Ouais ouais
Envoyer

ATTENTAT DU WORLD TRADE CENTER

11 SEPTEMBRE 2001

BT&T
12:56
10%
John Doe
C'est un avion ?
C'est un oiseau ?
Non, c'est Superman 😊 !
Non, c'est bien un avion en fait...
Envoyer

LE PEN AU SECOND TOUR DE L'ÉLECTION PRÉSIDENTIELLE

21 AVRIL 2002

Seisme Tel
19:17
10%
Yoyo
19 Avril 2002
Ça te dit Lionel une petite sortie à l'Île de Ré le week-end du 28 avril entre potes ? Barbecue, basket, bières...
Nan je peux pas, je suis over-booké, c'est le week-end du deuxième tour je te rappelle :-)
Ah oui je suis con
22 Avril 2002
Bon finalement je viens de me libérer pour le 28. On peut même rester la semaine si tu veux, j'ai changé d'avis
Super
Envoyer

CRÉATION DE TOPITO.COM

NOVEMBRE 2006

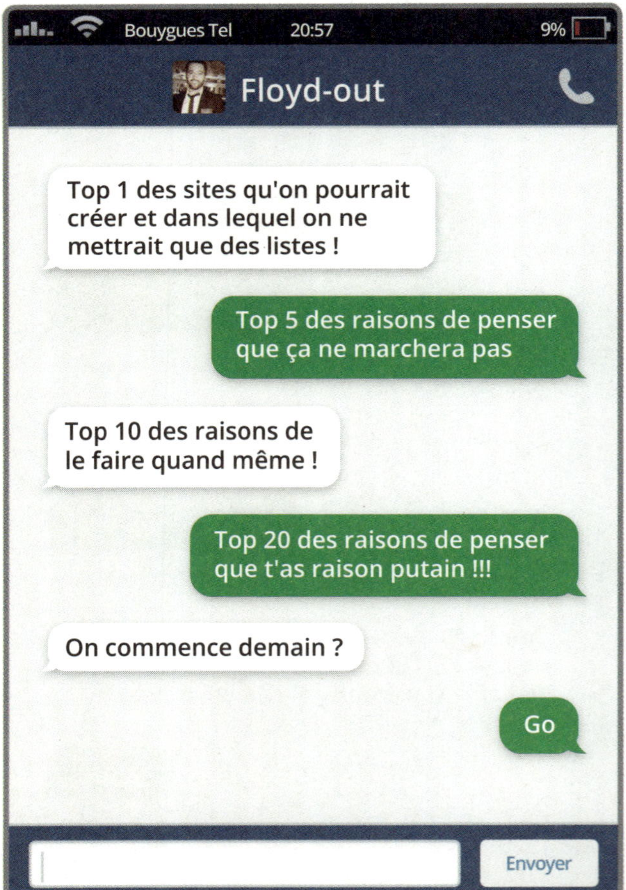
Bouygues Tel
20:57
9%
Floyd-out
Top 1 des sites qu'on pourrait créer et dans lequel on ne mettrait que des listes !
Top 5 des raisons de penser que ça ne marchera pas
Top 10 des raisons de le faire quand même !
Top 20 des raisons de penser que t'as raison putain !!!
On commence demain ?
Go
Envoyer

2E GUERRE EN IRAK MENÉE PAR LA FAMILLE BUSH

FÉVRIER 2013

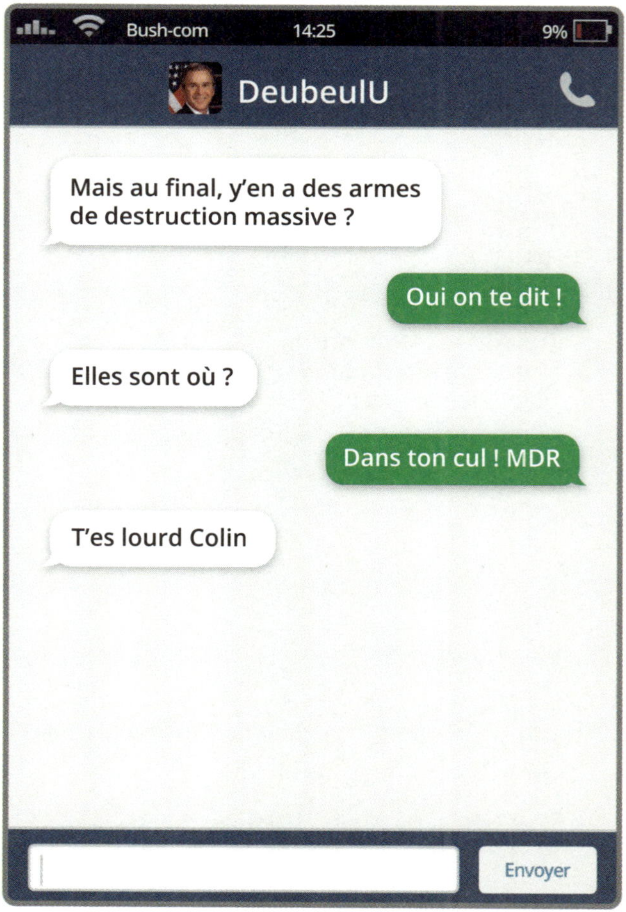
Bush-com
14:25
9%
DeubeulU
Mais au final, y'en a des armes de destruction massive ?
Oui on te dit !
Elles sont où ?
Dans ton cul ! MDR
T'es lourd Colin
Envoyer

DIVORCE DE NICOLAS SARKOZY APRÈS L'ÉLECTION PRÉSIDENTIELLE

OCTOBRE 2007

Mobil-France
19:27
8%
Cécilia Sarkozy
Si tu reviens, j'annule tout
Des fois je me dis que je vais te regretter parce que t'étais marrant
Envoyer

DSK ARRÊTÉ À NEW YORK POUR "AGRESSION SEXUELLE" PRÉSUMÉE AU SOFITEL

14 MAI 2011

BigAppletel
11:21
8%
Domi Chéri
Anne chérie, je n'ai le droit qu'à un seul SMS (je t'expliquerai), un conseil : N'ALLUME PAS LA TÉLÉ !
Pourquoi ?
Un petit souci à l'hôtel, c'est compliqué, mais c'est des CONNERIES
Tu m'inquiètes...
Ça va le faire
Je viens d'allumer la télé là !!??!!!
Faut que je raccroche...
Envoyer

ÉLECTION DE FRANÇOIS HOLLANDE

6 MAI 2012

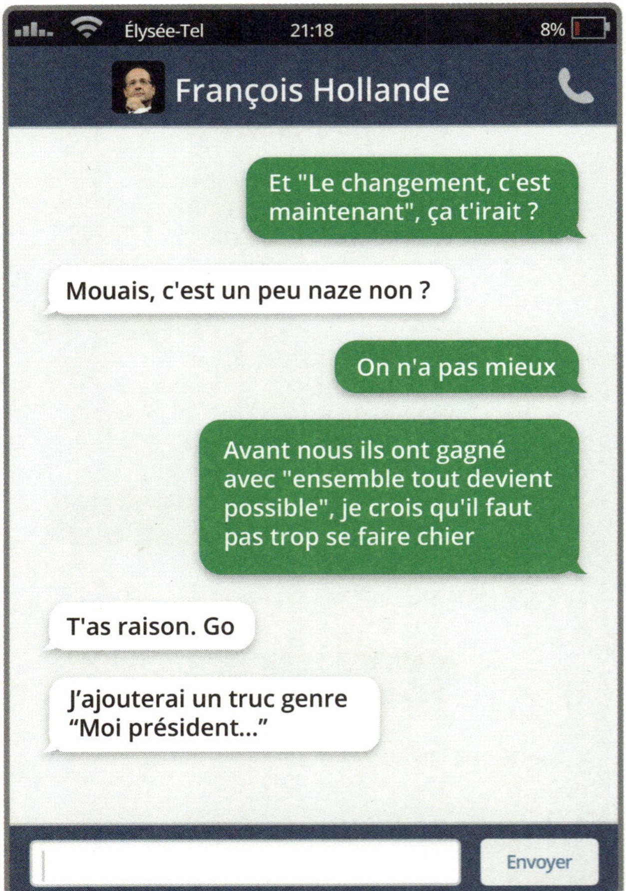
Élysée-Tel
21:18
8%
François Hollande
Et "Le changement, c'est maintenant", ça t'irait ?
Mouais, c'est un peu naze non ?
On n'a pas mieux
Avant nous ils ont gagné avec "ensemble tout devient possible", je crois qu'il faut pas trop se faire chier
T'as raison. Go
J'ajouterai un truc genre "Moi président..."
Envoyer

ATTENTAT MEURTRIER EN FRANCE CONTRE LA LIBERTÉ D'EXPRESSION

7 JANVIER 2015

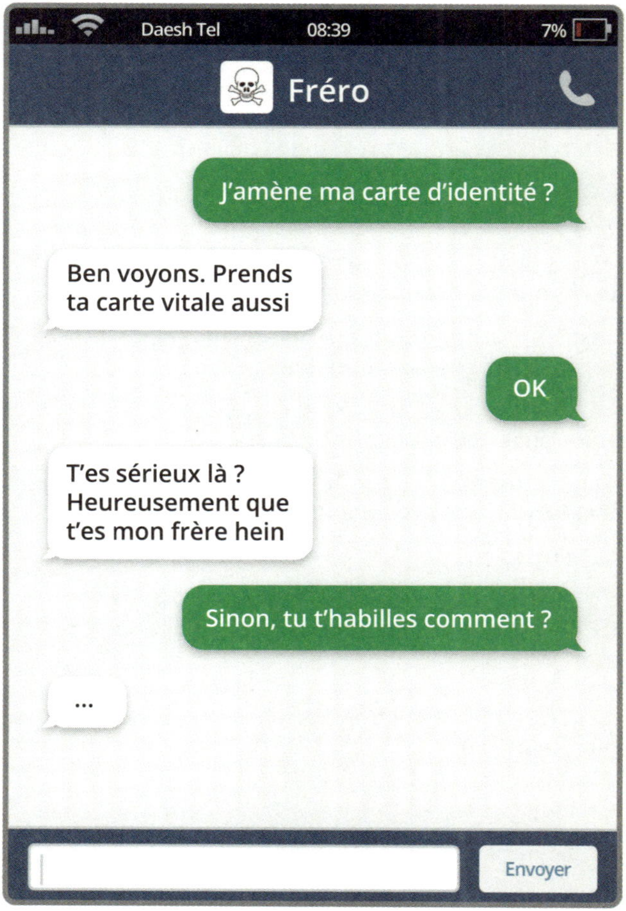
Daesh Tel
08:39
7%
Fréro
J'amène ma carte d'identité ?
Ben voyons. Prends ta carte vitale aussi
OK
T'es sérieux là ? Heureusement que t'es mon frère hein
Sinon, tu t'habilles comment ?
...
Envoyer

TOP 10 DES CHOSES INSOLITES À RETENIR DES XX ET XXIE SIÈCLES

1. Qu'on cite souvent Hitler dans les grands fumiers de l'histoire, et c'est vrai, mais que Mao a aussi fait un gros gros boulot avec 70 millions de morts.

2. Qu'on avait encore des zoos humains en plein Paris il y a moins de 100 ans.

3. Que l'espérance de vie a gagné plus de 32 ans en un siècle en France grâce aux progrès de la science.

4. Que c'est à ce moment-là que l'être humain a aussi choisi de créer "Les Ch'tis à Ibiza". Ça fait réfléchir.

5. Qu'au début du XXe siècle déjà on rêvait de voitures volantes et que c'est toujours le cas.

6. Qu'en Europe on a quand même réussi à organiser deux énormes guerres mondiales.

7. Que le monde a connu la pire crise de son existence : la création des ronds-points.

8. Que tous les gens sur Terre actuellement sont nés pendant cette période (sauf quelques doyens un peu têtus).

9. Qu'on n'est toujours pas capables de se télétransporter, par contre on a David Guetta.

10. Que Zizou a été président d'un soir, plus court mandat de l'histoire de France.

Bonus : Que 1973 fut une grande année, ne serait-ce que pour l'auteur de ce livre.

LE FUTUR

CONNAÎTRE EN PLUS VOTRE AVENIR À CE PRIX-LÀ,
C'EST PAS INCROYABLE ?

THOMAS PESQUET, SPATIONAUTE FRANÇAIS, EST LE 1ER HOMME À MARCHER SUR MARS

12 MARS 2023

Marsocom
10:30
7%
Thomas
Alors, alors ?
Extraordinaire. C'est magnifique.
Tu me fais chialer, t'es un héros...
On l'a fait ! On l'a fait ! L'humanité ne sera plus jamais comme avant...
Spéciale dédicace à Neil Armstrong !
Envoyer

LES PETITS DÉTAILS DE L'HISTOIRE

ROUGE DE PLAISIR SUR MARS

Marsocom
9:22
7%
Histogram
L'Astronaute de la Haute
5,8k Favoris
L'Astronaute de la Haute premiers pas sur Mars magueul ! #Freedom #InYourfaceCuriosity

LES VOYAGES SUR MARS SE DÉMOCRATISENT AVEC LE PREMIER TOUR OPERATOR SPÉCIALISÉ

AVRIL 2053

Marsocom
15:38
7%
Gérard
Alors, alors ?
Sympatoche, mais loin, pfff. Le voyage horrible
Il fait hyper froid, bonjour les vacances. Globalement y'a rien à faire, regarde
T'exagères non ?

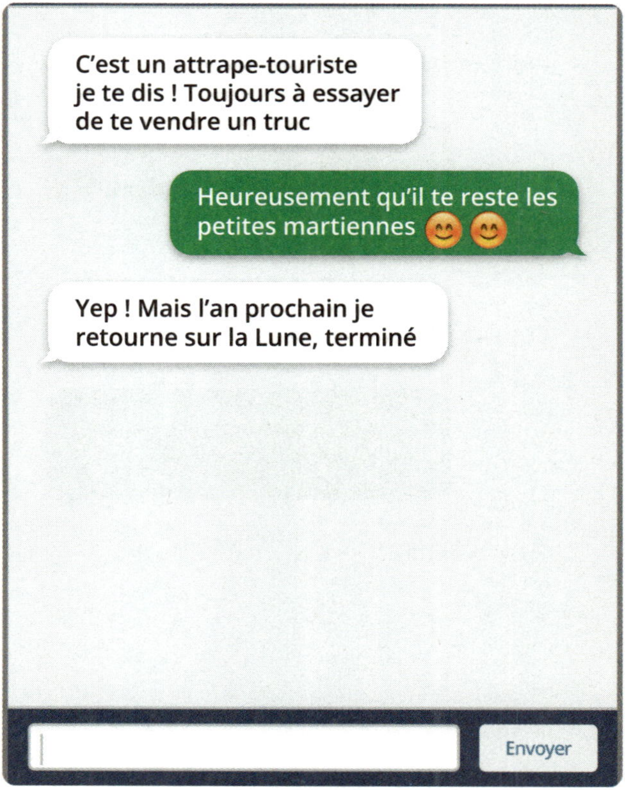
C'est un attrape-touriste je te dis ! Toujours à essayer de te vendre un truc
Heureusement qu'il te reste les petites martiennes 😊 😊
Yep ! Mais l'an prochain je retourne sur la Lune, terminé
Envoyer

UN LABORATOIRE FRANÇAIS MET AU POINT (ENFIN) UN VACCIN CONTRE LE CANCER

OCTOBRE 2064

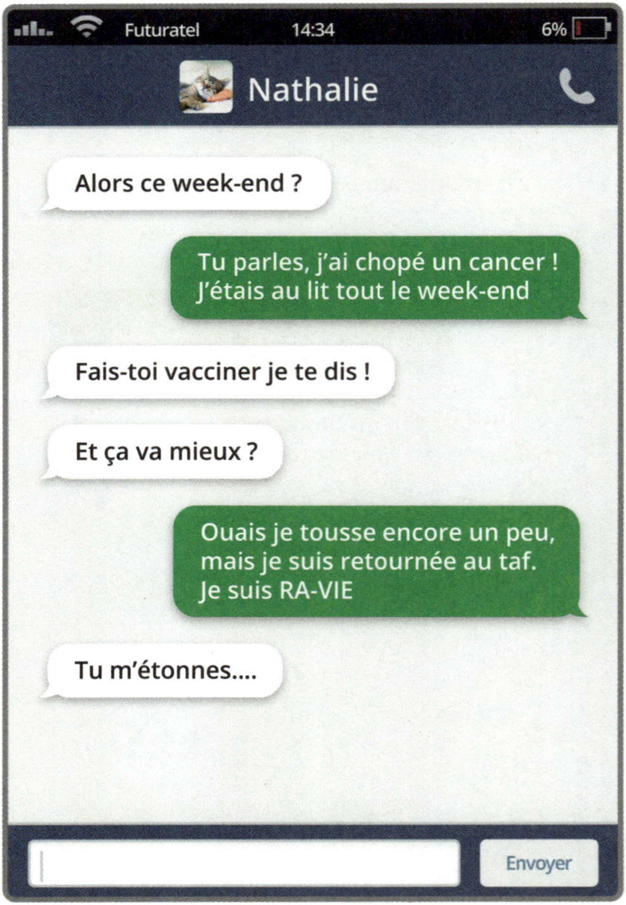
Futuratel
14:34
6%
Nathalie
Alors ce week-end ?
Tu parles, j'ai chopé un cancer ! J'étais au lit tout le week-end
Fais-toi vacciner je te dis !
Et ça va mieux ?
Ouais je tousse encore un peu, mais je suis retournée au taf. Je suis RA-VIE
Tu m'étonnes....
Envoyer

L'ÉQUIPE DE FRANCE EST À NOUVEAU CHAMPIONNE DU MONDE DE FOOTBALL

12 JUILLET 2068

Footitel
23:12
6%
David
La lala la la ?
Lalalalalala
Lala la la
Lalalalalala
Lalalalalalalalalala
Ouais ouais. Comme en 98 !
Quoi ? De quoi tu parles ?
Envoyer

L'ESPÉRANCE DE VIE PROGRESSE PRESQUE SANS FIN

MAI 2087

Futuracom
21:56
5%
Kevina
Et il est comment, il est beau ?
C'est l'homme d'une partie de ma vie ! Je craque Mais il est un peu plus jeune
De beaucoup ?
Nan, on a 83 ans de différence, c'est rien
Mais quand il me regarde avec ses 3 yeux bleus, j'oublie que j'ai 526 ans je te jure...
T'as toute la vie devant toi cocotte, profite
Envoyer

PREMIÈRE TRANSPLANTATION INTÉGRALE D'ORGANES SUR UN ÊTRE HUMAIN

JANVIER 2114

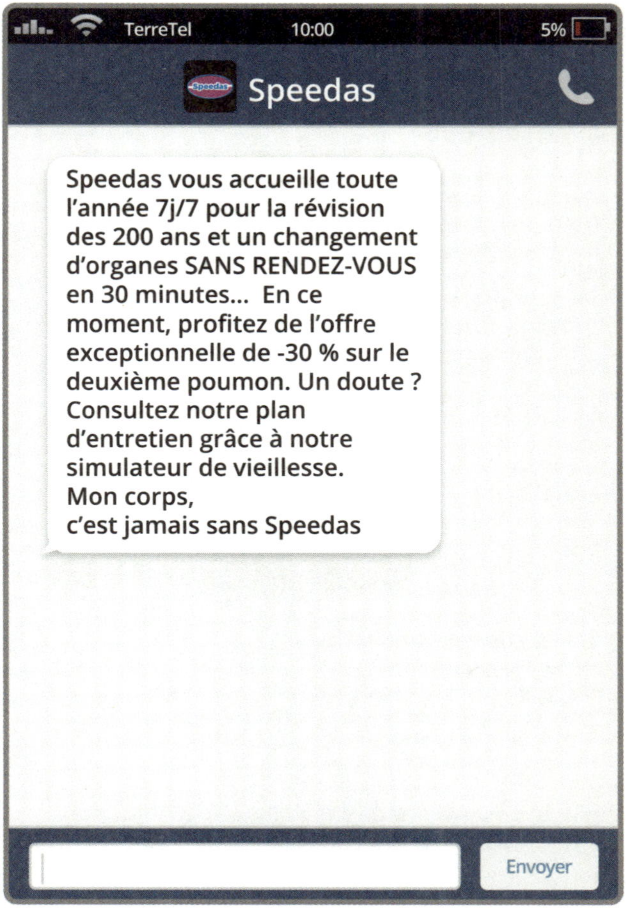
TerreTel
10:00
5%
Speedas
Speedas vous accueille toute l'année 7j/7 pour la révision des 200 ans et un changement d'organes SANS RENDEZ-VOUS en 30 minutes... En ce moment, profitez de l'offre exceptionnelle de -30 % sur le deuxième poumon. Un doute ? Consultez notre plan d'entretien grâce à notre simulateur de vieillesse.
Mon corps,
c'est jamais sans Speedas
Envoyer

LA TÉLÉPORTATION DEVIENT OFFICIELLEMENT LE 1ER MODE DE TRANSPORT DANS LE MONDE

135 BRUMAIRE 2136

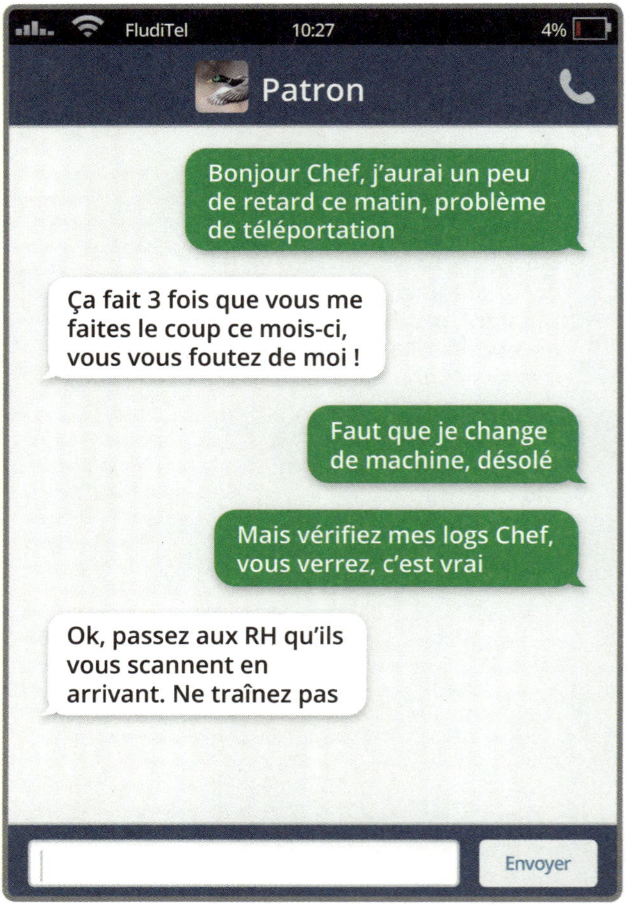
FludiTel
10:27
4%
Patron
Bonjour Chef, j'aurai un peu de retard ce matin, problème de téléportation
Ça fait 3 fois que vous me faites le coup ce mois-ci, vous vous foutez de moi !
Faut que je change de machine, désolé
Mais vérifiez mes logs Chef, vous verrez, c'est vrai
Ok, passez aux RH qu'ils vous scannent en arrivant. Ne traînez pas
Envoyer

LA TERRE S'EMBRASE POUR SA 7^{E} GUERRE MONDIALE

T16 NIVÔSE 2223

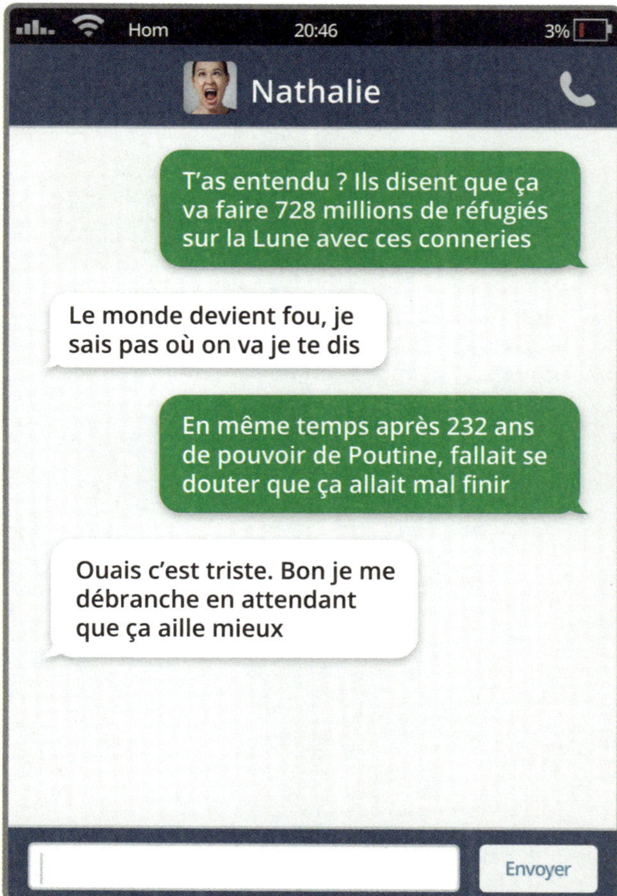

Hom
20:46
3%
Nathalie
T'as entendu ? Ils disent que ça va faire 728 millions de réfugiés sur la Lune avec ces conneries
Le monde devient fou, je sais pas où on va je te dis
En même temps après 232 ans de pouvoir de Poutine, fallait se douter que ça allait mal finir
Ouais c'est triste. Bon je me débranche en attendant que ça aille mieux
Envoyer

LA RÉAPPARITION DES DINOSAURES SUR TERRE POSE QUELQUES PROBLÈMES

FRUCTIDOR 3900

Rextel
02:25
2%
Pascal le con de voisin
Pouvez-vous faire TAIRE votre T-REX qui hurle toutes les nuits SVP ?!! Vous serez bien aimable !!!
Commencez par ne pas garer votre vaisseau TOUS LES JOURS devant chez moi et on en reparle !
Envoyer

T. REX IN THE CITY

Triceracom
18:54
1%

DEVANT TANT DE CONNERIES, DIEU DÉCIDE FINALEMENT D'ARRÊTER LES FRAIS

HIVER 4612

Even+
00:00
1%
Dieu le père
Bon vous êtes des gros nazes...
GAME OVER
Envoyer

COMMENT SE DIRE ADIEU ?

Voilà, là c'est presque la fin du livre. À part 2-3 petits malins qui sont allés directement à la fin, pour les autres votre connaissance sur l'histoire vient de prendre un sacré coup de boost. Vous vous sentez même prêt à prendre la parole lors du prochain colloque sur "Les rites et usages de la chevalerie dans le bas Moyen Âge". Par contre, on a menti dans l'intro du bouquin, on n'a aucun secret à vous refiler en douce. Si ce n'est que tout ce que vous avez pu lire dans ce livre n'est pas 100 % vrai.

Si, au contraire, vous avez la sensation d'avoir perdu 1 heure de votre vie, on est sincèrement désolés. On vous conseille de prendre un grand seau, de mettre la tête dedans, de vous isoler et de crier bien bien fort. Encore une fois. Ça va mieux non ? Vous voyez, ce n'était pas si grave.

Dans tous les cas, on est un peu tristes que ça se finisse comme ça, vu qu'on avait senti un truc entre nous, le début d'une histoire peut-être. Si tu veux nous revoir et qu'on vive enfin notre vie, ensemble, au grand jour, retrouve nous sur www.topito.com. Tu verras, il y a même nos photos sur nos profils. On va être bien.

TOP 5 DES COMMENTAIRES POSITIFS À AJOUTER SUR LA FICHE DE CE LIVRE SUR INTERNET

*Être inspiré pour écrire une critique, parfois c'est compliqué. Alors puisqu'on n'est jamais mieux servi que par soi-même, on vous a un peu mâché le travail. Vous n'aurez plus qu'à recopier. Merci d'avance.**

5 ÉTOILES - **Si j'avais eu ça AVANT le bac bordel !**
Quand je vois le temps que j'ai perdu à faire des fiches alors que tout est là… Très utile, mais trop tard. Merci Topito quand même.

4 ÉTOILES - **Excellent**
Je l'avais dévoré tout seul et maintenant je le lis tous les soirs à mes enfants parce que connaître d'où l'on vient c'est important. Ils ne comprennent rien du tout, mais au moins ça m'évite de lire des conneries sur les princes et les princesses qui se marièrent et eurent beaucoup d'enfants. Je le recommande donc fortement.

5 ÉTOILES - ***J'ai adoré***
Il est bien ton livre mon chéri. Je suis très fière. J'ai trouvé que c'était un peu trop grossier des fois, mais c'est pas grave, l'important c'est que ça fasse rire les gens. Tiens-moi au courant pour savoir si tu viens manger chez tata Monique ce week-end. Bisous. Maman.

4,5 ÉTOILES - **L'histoire comme on l'aime**
Au lycée je n'aimais pas trop l'histoire parce que mon prof était un vieux sadique qui bavait un peu en me regardant. Il m'a plus ou moins dégoûtée des grandes dates de l'histoire et j'ai quitté le lycée. Ce livre a réussi à me réconcilier avec mon passé. Merci.

4 ÉTOILES - **Très bon**
Il y a une blague que je n'ai pas trop compris, mais sinon dans l'ensemble c'est excellent. Je n'avais rien lu d'aussi bon depuis "Guerre et Paix" et pourtant je lis beaucoup. Je lis même beaucoup trop, mais il faut bien que je m'occupe car que je n'ai pas d'amis. Je suis seul(e) et j'ai (tant) froid. À l'aide.

**Si vous ne le faites pas, on le saura. Et on sait où vous habitez. On sait tout.*

CRÉDITS PHOTOGRAPHIQUES

Wikimedia Commons sous la License "Domaine Public"
p. 11, 12, 13, 16, 18, 20, 21, 24, 26, 27, 28, 29, 30, 31, 32, 33, 34, 36, 38, 40, 43, 46, 49, 50, 52, 56, 59, 61, 62, 64, 67, 68, 72, 73, 74, 76, 77, 78, 80, 81, 82, 83, 84, 86, 87, 89, 90, 92, 94, 96, 97, 98, 99, 100, 101, 102, 103, 104, 105, 107, 108, 112, 113, 114, 116, 117, 122, 125, 126, 130, 132, 133, 134, 135, 136, 137, 138, 140, 142, 143, 144, 146, 147, 148, 150, 151, 153, 154, 155, 156, 157, 166, 167, 169, 172, 188.

Creative Commons Attribution 2.0 Generic
https://creativecommons.org/licenses/by/2.0/fr/
p. 10 : Scott Kinmartin, p. 17 : Mancinate, p. 35 : Bengt Nyman, p. 53 : Annie Roi, p. 54 : Hans Splinter, p. 55 : Rob124, p. 56 : Hans Splinter, p. 66 : Rob124, p. 108 : Creepyhalloweenimages, p. 115 : he who would be lost, p. 124 : Jean-Pierre Gallot, p. 127 : Tekniska museet, p. 131 : Steve Browne & John Verkleir, p. 137 : Jean-Louis Zimmermann, p. 153 : NASA, p. 160 : Paurian, p. 178 : D. Sharon Pruitt, p. 187 : Jonas.

Istock
p. 122 : Nebojsa Bobic, p. 128 : Stefano Tinti, p. 141 : David Gaylor, p. 150 : Ingram Publishing.

Fotolia
p. 173 : Losif Szasz-Fabian, p. 180 : Maksymowicz, p. 185 : Zoe, p. 186 : Guillaume Duris.

Montage Topito (*Romain Digue, Camille Besson, Urbain Courty*)
p. 13, 37, 58, 60, 74, 88, 99, 103, 131, 153, 168, 177, 187.

D.R.
p. 14, 15, 18, 42, 145, 158, 162, 163, 176, 182, 184.

ET ON DIT "MERCI QUI" ?

Sans eux, faire ce livre, qui marquera lui aussi l'Histoire, ça aurait été plus compliqué. Alors merci à :

- Toute l'équipe Topito (et oui j'ai envoyé 152 mails et alors ?).
- Elsa, parce que sinon ça aurait été plein de fautes (mais vraiment plein).
- Benoît / Floyd, pour sa confiance topitesque.
- Camille pour ses jolies images.
- Romain pour avoir intégré toutes ces bêtises sans broncher et avec le sourire.
- Le mec qui a pensé à inventer Wikipedia.
- Marie et Julien pour l'inspiration londonienne.
- Les amis du 11e pour me dire de ne pas oublier de finir.
- Laure de chez Play Bac, pour sa confiance d'éditrice.
- Cantona, parce que c'est décidé je lui dirai merci dans chaque livre.
- Les lecteurs de Topito, pour leurs visites régulières et les "like" qui vont avec.
- À toi lecteur de ce livre pour l'avoir lu jusque là. Bravo. Et merci. En vrai.

Certifié PEFC
Ce produit est issu de forêts gérées durablement et de sources contrôlées.
PEFC
PEFC/18-31-280
www.pefc-france.org

Éditions Play Bac
14 bis, rue des Minimes
75003 Paris
www.playbac.fr

Merci à tous ceux qui ont contribué à cet ouvrage (oui ça fait plein de gens)
Benoit Parizot, Romain Digue, Camille Besson, Emma Aurange, Baptiste Royer, Oriane Olivier, Clément Poursain, Urbain Courty, Benoit Lebreau, Ronan Daniel, David Murguet.
Et aussi Jean-Louis Broust, Gaétan Burrus, François Egret, Damien Hervé, Capucine Jahan, Laure Maj, Karine Marigliano, Marjorie Seger, Nathalie Tran, Marie-France Wolfsperger.

Maquette : Romain Digue
Photogravure : IGS

Achevé d'imprimé en Italie en septembre 2015
ISBN : 9782809654615
Dépôt légal : octobre 2015